SANAT ve GASTRONOMİ

İLİŞKİSİNİN KISA TARİHİ

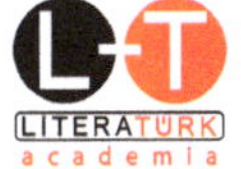

Sanat ve Gastronomi İlişkisinin Kısa Tarihi

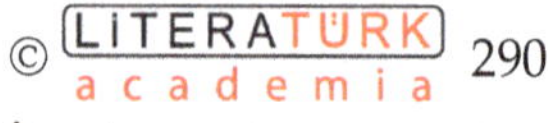 © LITERATÜRK academia 290

İnceleme-Araştırma 268

Kasım 2020

Editör: **Ferdi BİŞKİN**
Genel Yayın Yönetmeni: **İsmail ÇALIŞKAN**

ISBN 978-605-70091-2-8

T. C.
Kültür ve Turizm Bakanlığı
Yayıncı Sertifika No: **16195**

Kapak Tasarımı: Fatih ÖZDEMİR
Mizanpaj: DIZGI**MIZANPAJ**.com

Baskı & Cilt: **Şelale Ofset**
Fevzi Çakmak Mh. Hacı Bayram Cad. No. 22   Karatay / KONYA
Tel: +90.532.159 40 91 selalemat2012@hotmail.com
KTB S. No: **13361** - Basım Tarihi: **KASIM 2020**

KÜTÜPHANE BİLGİ KARTI
- Cataloging in Publication Data (CIP) -
YILMAZ, Muzaffer
Sanat ve Gastronomi İlişkisinin Kısa Tarihi

ANAHTAR KAVRAMLAR
Sanat, Gastronomi, İnanç, Kültür
- key concepts -
Art, Gastronomy, Faith, Culture

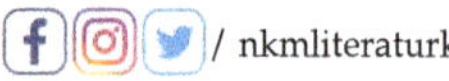, **Nüve Kültür Merkezi kuruluşudur.**
www.literaturkacademia.com

/ nkmliteraturk

M. Muzaffer Cad. Rampalı Çarşı Alt Kat No: 35-36-41
Meram / KONYA Tel: +90 332 352 23 03   Fax: +90 332 342 42 96
Ул. М. Музаффер, рынок Рампалы, нижний этаж № 35-36-41
Мерам, КОНЬЯ, тел.: +90 332 352 23 03, факс: +90 332 342 42 96

Dağıtım: **EMEK KİTAP**
Akçaburgaz Mah. 3137. Sk. Ali Rıza Güvener İş Merkezi No: 28 Esenyurt / İSTANBUL
www. emekkitap.com - Telefaks +90 212 671 68 10

Дистрибьютор: **EMEK KITAP**
Район Акчабургаз, ул. Али Рыза 3137, бизнес центр «Гювенер» № 28, Эсеньюрт / СТАМБУЛ
www.emekkitap.com – Телефакс: +90 212 671 68 10
ORTA ASYA OFFICE:
Mikrareyon Kok Jar/23   Bishkek / KYRGYSZTAN
Tel: +996 700 13 50 00   -   Telefaks: + 996 552 13 50 00
ОФИС В ЦЕНТРАЛЬНОЙ АЗИИ:
Микрорайон Кок Жар/23   Бишкек / КЫРГЫЗСТАН
Тел.: +996 700 13 50 00 – Телефакс: +996 552 13 50 00

SANAT ve GASTRONOMİ

İLİŞKİSİNİN KISA TARİHİ

Muzaffer YILMAZ

Muzaffer YILMAZ

1983 senesinde Antalya'da doğan Muzaffer Yılmaz, sanat tarihi eğitimi almıştır. 2007 senesinde Selçuk Üniversitesi Sosyal Bilimler Enstitüsü Türk Dünyası ve Ortaçağ Kültürleri Arkeolojisi Bilim Dalında yüksek lisansa başlamış ve Aydın İli Merkezindeki Tarihi Su Yapıları konulu tez çalışmasıyla 2010'da yüksek lisansını; 2015'te ise Selçuk Üniversitesi Sosyal Bilimler Enstitüsü Genel Sanat Tarihi Anabilim Dalında, Aydın'da Türk Devri Kamu Yapıları I-II konulu tez çalışmasıyla doktorasını tamamlamıştır.

Temel çalışma alanları; Mitoloji ve Sembolizm, Gastronomi ve Sanat İlişkisi, Tanzimat Dönemi Türk Mimarisi ile Kent Estetiği olan Yılmaz, Konya Necmettin Erbakan Üniversitesi Güzel Sanatlar Fakültesinde öğretim üyesi olarak görev yapmaktadır.

Yayımlanmış Kitapları:

2020, *Babasız Doğma Fenomeni Kutsal ve Sanat İlişkisine Yönelik Bir Yorumlama*, Konya: Literatürk Academia Yayınları.

2019, *Aydın'da Halkevi Mimarisi*, Konya: Aybil Yayınları.

2019, *Malatya Lokanta Kültürü ve Hacı Baba Et Lokantası*, Konya: NÜVE Yayınları.

2019, *Osmanlı Sanatında Değişim ve Dönüşüm*, (Editör), Konya: Literatürk Academia Yayınları.

2018, *Tarihi ve Kültür Varlıkları İle Aydın Güzelhisarı*, Konya: Çizgi Kitabevi.

İÇİNDEKİLER

I. BÖLÜM
Buzul Çağı'ndan Barok Dönem Sonuna

II. BÖLÜM
Modern Sanattan Günümüze

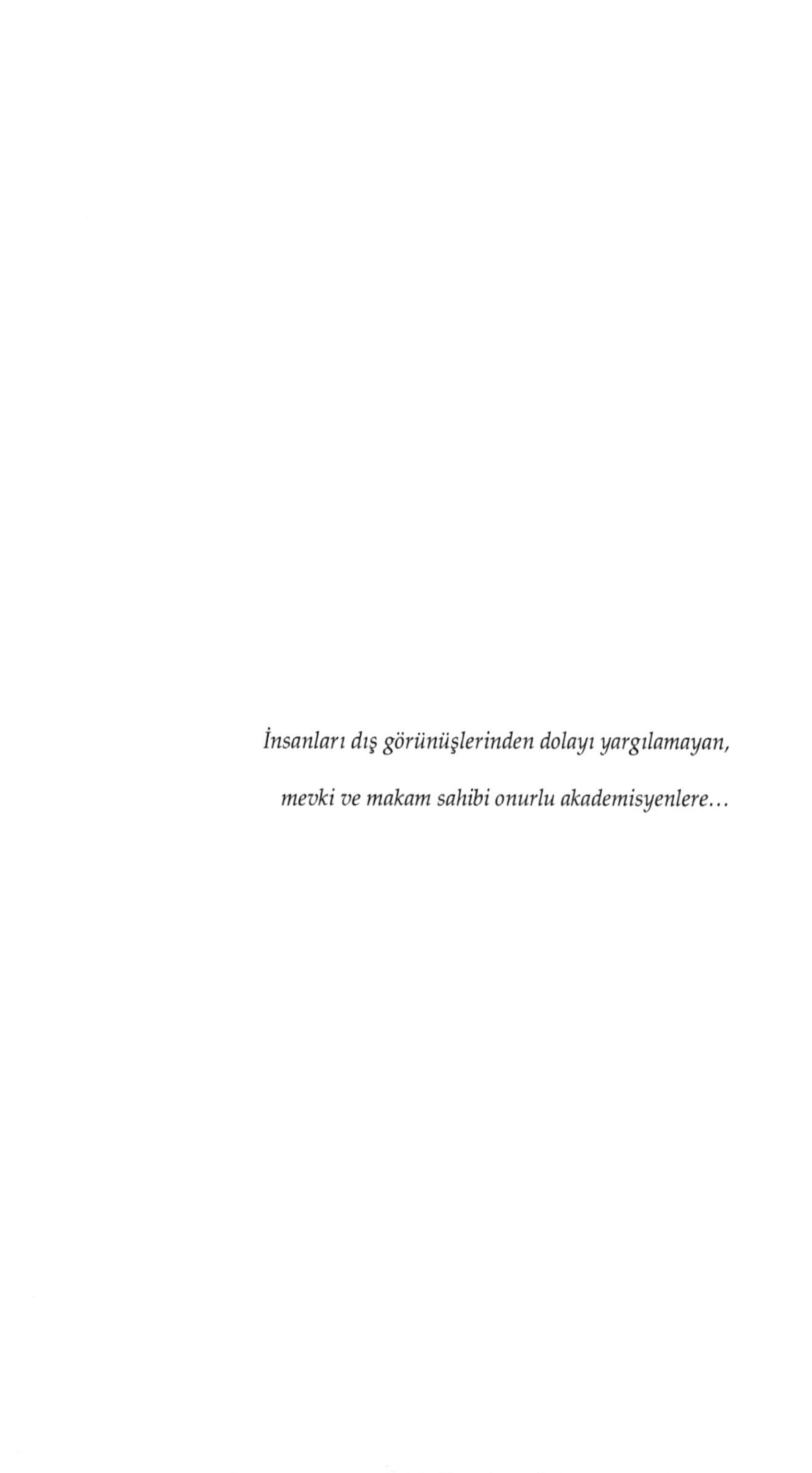

İnsanları dış görünüşlerinden dolayı yargılamayan,

mevki ve makam sahibi onurlu akademisyenlere…

Önsöz

Yeni tip korona virüsü dolayısıyla evlere kapandığımız zamanların şahsım adına belki de en büyük kazanımı, elinizde tuttuğunuz bu kitaptır. Ertelediğim ve yapmak için vakit bulamamaktan şikâyet ettiğim pek çok birikmiş işten biri olan bu çalışma; daha önce müstakil olarak yayımladığım iki makalemin[1] yeniden ele alınıp revize edilerek, bir araya getirilmesiyle oluşturulmuştur[2]. Bu makaleler aynı zamanda güzel sanatlar fakülteleri ile sanat tarihi, mimarlık, gastronomi ve mutfak sanatları bölümlerinde vermiş olduğum dersler ile sanat ve gastronomi konulu konferanslarımın altyapısını oluşturan çalışmalardı. Bu açıdan kitap, bu konulara ilgi duyan herkesle beraber, özellikle yukarıda zikredilen bölümlerde okuyan öğrencilere disiplinler arası çalışmanın önemini kavratarak, farklı bir bakış açısı kazandırabilmek maksadıyla hazırlanmıştır.

---

1   *1. Bölüm:* Muzaffer Yılmaz (2018). "Batı Resminde Yeme-İçme Konulu Sahnelerin Menşei Üzerine Bir Değerlendirme (Ortaçağ'ın Başlangıcından Barok Dönemin Sonuna Kadar)", *SDÜ Fen-Edebiyat Fakültesi Sosyal Bilimler Dergisi*, S: 44, s. 111-138; *2. Bölüm:* Muzaffer Yılmaz (2018). "18. Yüzyıldan Günümüze Batı Sanatında Yeme-İçme Kültürü", *Turkish Studies*, C: 13, S: 18, s. 1431-1464.

2   Bu yeniden ele alışta her iki metin de genel bir anlayışı bütüncül şekilde yansıtacak şekilde yeniden yorumlanmış ve bu vesileyle her iki metne de çok sayıda ekleme yapılmış, gereksiz görülen bazı kısımlar çıkartılmıştır.

Kitabın oluşum ve yayım sürecinde çok sayıda değerli insanın emeğinin bulunduğunu belirtmek isterim. Bu vesileyle öncelikli olarak; beni bu konuda çalışmaya teşvik eden, cesaretlendiren ve destek veren değerli dostum Dr. Öğr. Üyesi Osman Güldemir'e, çalışmanın daha nitelikli bir hale bürünmesinde büyük katkısı olan Dr. Öğr. Üyesi Ferdi Bişkin'e, bilgi ve deneyimlerinden sürekli istifade ettiğim Dr. Öğr. Üyesi Mehmet Susuz, Dr. Öğr. Üyesi Binnaz Koca ve Doç. Dr. Fatih Özdemir'e, yazdıklarımı farklı bir gözle ele almamda yardımcı olan Uzm. Erdal Zeki Tomar, Öğr. Gör. Ahmet Yavuzyılmaz ve Doç. Dr. Ayşe Budak'a, makale süreçlerine katkı sağlayan Doç. Dr. Yeliz Selvi'ye, ayrıca kitabın redaksiyonunu yapan Oğulcan Karakoç ile yayınevi sahibi İsmail Çalışkan'a, teşekkürlerimi sunarım.

Konya 2020

Giriş

Sanat ve Gastronomi İlişkisinin Kısa Tarihi, esas itibariyle modern sanat öncesi ve sonrası olarak ayrılan ve birbirinin devamı olan iki bölümden müteşekkildir. *Buzul Çağı'ndan Barok Dönem Sonuna* adını taşıyan ilk bölümde, sanat ve gastronomi ilişkisi (süreç her ne kadar Buzul Çağı'ndan itibaren başlatılmış olsa da) daha çok, Ortaçağ ve Yeniçağ sanatı özelinde ele alınmıştır. Bu bölümde; din ve mitolojinin[3] etkisiyle şekillenen, bunlara ilave olarak sosyo-kültürel hayatın da tesir ederek biçimlendirdiği ve belli bir oranda sembolik anlatımlar heyulası sunan (yaklaşık altı yüz yıllık sürece ait) batı resmindeki yeme-içme temalı resimler incelenmiştir[4]. Çalışma, resimlerde işlenen konuların (sahnelerin) menşeine yönelik bir araştırmanın sonucu olduğu için çalışmalar özelinde plastik açıdan bir resim çözümlemesine ve analizine gidilmemiştir. Bu sebebe istinaden; bölümde yer alan resimlerin (ayrıntılı ve özel olarak) bir tanıtımı ve bilgilen-

---

3 Mitoloji ve din ilişkisi konusunda bilim insanları (genel hatlarıyla) ikiye ayrılmıştır. Kimi araştırmacılar mit ve dinleri ortak, kimileri ise ayrı kaynakların ürünleri olarak kabul etmektedirler. Bu kitapta mitler, dinler ile aynı kökten beslenen olgular olarak ele alınmıştır.

4 Mimari ayrı tutulacak olursa, bu zaman aralığının en önemli ve etkin sanat dalı resimdir. Buna istinaden kitabın ilk bölümünde sanat ve gastronomi ilişkisi daha çok resim sanatı odaklı bir seyir izlemiştir.

dirilmesi yapılmamış, metin içerisinde resimlerin yapılış tarihlerine bağlı kronolojik bir sıra da takip edilmemiş, sahnelerin (konuların) menşei merkezli bir gelişim seyri izlenmiş ve bu seyir, (kronolojik olarak) ele alınan zaman aralığı arasına tarihlenen resim örnekleriyle desteklenmiştir.

Modern Sanattan Günümüze adlı bölümde ise konu; özellikle Fransız İhtilali ve Sanayi Devrimi ile yeniden şekillenen dünya ve akabinde gelişen sanat hareketleri merkezli olarak ele alınmıştır. Bu bölümde özellikle modern ve postmodern sanat arasındaki farklılıklar ve farkların konu seçimleri ile malzeme tercihlerine etkileri üzerinde durulmuş ve bu minval üzere çeşitli karşılaştırmalar yapılmıştır.

Her iki bölüm için de aynı yazım, alıntılama ve dipnot kuralları uygulanmış ve metinde yer verilen görsellerin alındığı kaynaklar (şahıs ya da web sitesi) parantez içerisinde gösterilmiştir. Kitapta kullanılan görsellerin büyük bir bölümü (kullanım hakkı itibariyle) kamusal alan (public domain) kapsamındadır. Bunların dışında kalan ve kullanım hakkı izne tabi olan çalışmalar içinse eser sahiplerinden gerekli izinler alınmış ve bu durum fotoğraf altı yazılarında belirtilmiştir. Her iki bölümde de çok sayıda görsel kullanıldığından dolayı, anlatımın akışını bozmaması için görseller metnin içerisine değil, sonlarına eklenmiştir.

Sanat ve gastronomi ilişkisi kitapta, klasik tanımlayıcı metotlar ve salt kataloglamaya bağlı değerlendirmelerin dışında, çağ-dönem-akım odaklı kronolojik bir seyir izlemiş ve konu hermenötik (yorumbilimsel) bir bakış açısıyla ele alınarak irdelenmeye çalışılmıştır.

Bir İfade Şekli Olarak Sanat

Erwin Panofsky, bir sanat eserinin; birincil (doğal), ikincil (uzlaşımsal) ve içsel anlam (içerik), olarak üç şekilde algılanıp yorumlanabileceğini belirtmiştir (Panofsky, 2012: 27). Bu farklılık esas itibariyle bakmak, görmek, algılamak, almak ve içselleştirmek arasındaki farklarla da doğrudan ilişkilidir[5]. Doğal anlam, eserin bizde uyandırdığı ilk etki ve görünenlerin zahiren değerlendirilmesi; anlaşmalı anlam, ilk etapta kavranamayan sonradan farkına varılan anlam; asıl anlam ise eserin gerçekte (özünde) anlatmak istediği olarak açıklanabilir.

Bir nesne olan sanat eserinin oluşum sürecinde, gösteren ve gönderilen merkezli bir seyir bulunmaktadır. Bu ilişkiden hareketle buradaki *göstereni* bir bakıma çağın aklı, kültürel birikimi ve dini-siyasi otorite, *gönderileni (alıcı)* ise toplumun kendisi olarak kabul etmek yerinde olacaktır. Bu açıdan bakıldığında sanat eserinin özünü oluşturan her imgeyi bir görme tarzının somutlaşması; her görüş tarzını da döneminin temsil ettiği temayüllerin bir yansıması olarak kabul etmek mümkündür[6] (Leppert, 2009: 20, 23).

Bu durum 11-17. yüzyıl arası Batı sanatı için de geçerlidir. Dönemin egemen gücünün din olduğu düşünüldüğünde, özellikle Ortaçağ ve hemen sonrasındaki süreçte Batı resminin te-

---

5 Konu ile ilgili ayrıntılı bilgi için bkz. Özkan Eroğlu (2016). *Bir Resme Nasıl Bakmalıyız*, İstanbul: Tekhne Yayınları.

6 İmge-nesne ilişkisi dâhilinde göstergebilim ve sanat ilişkisi sadece klasik dönem için değil, günümüz sanatı içinde geçerlidir.

mel belirleyicisi olarak kabul edilen kilise[7], sanatın, özellikle de resim sanatının konu ve muhtevasını doğrudan etkilemiş hatta belirlemiştir. Bu sebeple, Ortaçağ'a ait bir fresk[8], mozaik ya da tabloda görülen herhangi bir sahne, *doğal* ve *anlaşmalı* anlamının ötesinde, din (inanç) ve kutsal kitap(lar) merkezli sembolik bir *asıl anlama* sahiptir[9]. Bu durum, özellikle Rönesans'ta ve Barok Dönem'de sıkça tasvir edilen mitolojik konulu resimler için de geçerlidir. Örneğin, bir duvar yüzeyinde ya da tabloda karşılaşılan, boğa tarafından kaçırılan güzel bir yarı çıplak kadın betimlemesi (*Europa'nın Kaçırılışı*), mitolojik açıdan göründüğünün ötesinde *asıl anlam*(lar) taşımaktadır[10].

Sanattaki bu biçim-anlam ilişkisi Fransız İhtilali ve Sanayi Devrimi'nin akabinde, Modern Sanat ile beraber büyük bir değişim yaşamıştır. Sosyo-kültürel hayat ve ekonomik yapının değişmesi yeni cazibe merkezlerinin doğmasına yol açtığı gibi, ulaşım imkânlarının artması ve özellikle de tıp alanındaki gelişmeler, hızlı şekilde değişen ve birbirini etkileyen sanat akımlarının art arda ortaya çıkmasına sebep olmuştur. Bu süreçle beraber yeni

---

7   Burada kilise ile kastedilen Katolik Kilisesi'dir. Hristiyanlığın kendi içerisindeki ayrışma, neredeyse farklı bir dinle olan ayrışma kadar keskindir. Hristiyanlık temelde Katolik, Ortodoks ve Protestan olmak üzere üç mezhebe/ekole ayrılmış olup her mezhebin kendine has bir ilahiyatı vardır. Katolikler, İsa'nın Kudüs'te yaşamış olmasına bağlı olarak kendilerini en eski kilise olarak kabul ederlerken, Ortodokslar buna karşı çıkarlar. Roma sonrası süreçte ise siyasi miras ve coğrafya avantajlarını da kullanan Katolik Kilisesi, Avrupa özelinde nüfuz alanını oldukça arttırmıştır. Bu açıdan denilebilir ki Ortaçağ ve hemen sonrası Avrupa resim sanatındaki dini etkiler, Ortodoksluktan ziyade, Katolik düşüncesi yansıtan bir muhtevaya sahiptir. Konu ile ilgili ayrıntılı bilgi için bkz. Ömer Faruk Harman (2002). "Katoliklik Maddesi", *TDV İslam Ansiklopedisi*, C: 25 s. 55-58; Kürşat Demirci (2005). *Bir Hıristiyan Mezhebi Olarak Ortodoksluğun Teolojisi*, İstanbul: Ayışığı Kitaplığı; Uşun Tükel ve Serap Y. Arsal (2014). *Sözden İmgeye Batı Sanatında İkonografi*, İstanbul: Kabalcı Yayınları.

8   Yaş sıva üzerine yapılan duvar resmi.

9   Kimi düşünürlere göre sanatın kendisinin esas gayesi bile dini bir amaca hizmettir. Hegel bu konuda; *bir toplumun dinini anlamanın yolu sanatına bakmaktan geçer* demiştir. Ayrıntılı bilgi için bkz. Muharrem Hafız (2015). *Kutsal Sanat*, İstanbul: Dört Mevsim Yayınları.

10 Batı resminde asıl anlam için bkz. Zerrin İren Boynudelik (2015). *Bu Resim Ne Anlatıyor?*, İstanbul: Bilgi Üniversitesi Yayınları.

sosyal hayat, sanatçının iç dünyası, buhranları ve muhayyilesi, dönem sanatını besleyen ve biçimlendiren ana referanslar olmaya başlamıştır.

Sanattaki son büyük kırılma ise 20. yüzyıl ortalarından sonra, postmodern olarak adlandırılan dönemle birlikte yaşanmıştır. Kuralların ters yüz edildiği ve *ne yapsan olur* mottosuna sahip olan süreç; enstalasyon, kavramsal sanat, feminist sanat, kamusal sanat, sokak sanatı, performans sanatı gibi terim ve tamlamaları sanat dünyasına sokmuştur. Postmodern dönemle beraber her şey, her şekliyle sanata malzeme olabileceği gibi, eserin değerini de *popüler kültür*ün kendisi belirlemeye başlamıştır.

Bu genel değerlendirmeden hareketle; 11. yüzyıldan günümüze, Batı sanatının anlam ve anlatım dağarcığının süreç odaklı olarak sürekli değiştiğini bununla birlikte, bir ifade tarzı olarak misyonunun da kesintisiz olarak devam ettiğini söylemek mümkündür.

Gastronomi ve Kültür İlişkisi

Ateş, bazı insan türleri tarafından 800.000 yıl önce keşfedilmiş olsa da onun kontrollü bir şekilde kullanılması ve her şeyden önemlisi bir pişirme faaliyetine dönüşmesi, 300.000 yıl önce, Homo Sapiens ve Neandertallerin ataları tarafından gerçekleştirilmiştir (Harari, 2015: 2005). Ateşin pişirme amacıyla kullanılmaya başlanması insanlık tarihi için sanıldığından çok daha büyük sonuçlar doğurmuştur. Yemeklerin pişirilebilmesine bağlı olarak günümüz sindirim sisteminin oluşmasına neden olmasının yanında ateş, toplumsal birlikteliğin geliştirilmesine de katkı sağlamıştır[11]. Toplumsallık bağlamında, kimi araştırmacılar birlikte yemek yiyebilmek ile cinsellik, kimileri ise ateşin keşfiyle beraber ortaya çıkan *pişirme* ile *kültür* arasında doğrudan bir ilişki olduğunu vurgulamışlardır (Goody, 2013: 28-31). Ünlü antropolog Claude Levi-Strauss, pişirmenin esas itibariyle doğaya bir karşı koyma olduğunu belirtmekte, bir etin pişirilmesiyle çürümesine engel olunduğunu, yani doğal sürecin dışına çıkıldığını ve insan eliyle olan bu değişimin kültür kavramı ile açıklanabileceğini vurgulamaktadır[12] (Şekil 1). Claude Levi-Strauss ve benzer fikre sahip yapısalcı düşünürlerden hareketle Jack

---

11 Yunan mitolojisine göre ateşi Olimpos Dağı'ndan çalarak insanlığa getiren tanrı (veya titan) Prometheus'tur. Bu sebebe binaen Antik Yunan dünyasında oldukça popüler olan Prometheus, pek çok dönem klasiğine de konu olmuştur. Bkz. Aiskhylos (2015). *Zincire Vurulan Prometheus*, (Çev. Azra Erhat ve Sabahattin Eyüboğlu), İstanbul: İş Bankası Kültür Yayınları.

12 Bu yaklaşıma bağlı ilginç bir örnek Gılgameş Destan'ında bulunmaktadır. Bir bakıma dünyanın en eski yazılı metni olarak kabul edilen destanda, (MÖ 18-16. yüzyıl) anlatının en önemli figürlerinden Enkidu'nun vahşilik-barbarlıktan insan-medeni olmaya geçiş sürecinin işaretlerinden biri; (hayvanlar gibi) doğal şekilde değil, (insanlar gibi) sofrada yemek yemeye başlaması olarak belirtilmiştir. Bkz. Anonim, (2017). *Gılgamış Destanı*, (Çev. Sait Maden), İstanbul: İş Bankası Kültür Yayınları, s. 15-17.

Goddy, cinsellik içerisindeki ensest tabusu[13] ve pişirmenin, kültür olgusunun oluşumuyla doğrudan ilişkili olduğunu ifade etmektedir (Goddy, 2013: 31).

Bir gastronomik faaliyet olan yemek pişirmenin *kültür*ün oluşumuna katkı sağlamasının yanında, kültürün *medeniyete-uygarlığa* dönüşme sürecinde de yeme-içme faaliyetinin önemi yadsınamaz. Farklı disipline mensup pek çok bilim insanına göre devrim olarak kabul edilen Neolitik Dönem[14], insanlık tarihinin en önemli dönüm noktalarından biridir. Yaklaşık 10-12 bin yıl önceki bilinen dünyanın farklı bölgelerinde yapılan yerleşik hayata geçiş denemeleri içerisinde Yakındoğu'da, tarıma ve üretimle beraber kurumsallaşan bir yapıya evrilen model geliştirilmiştir (Roth, 2002: 220-222). Bu model dâhilinde ilerleyen süreçte aynı coğrafyada, kentin, dinin (dinlerin), devletin ve uygarlığın neşet ettiği de görülmektedir. Bu yargıyı kent ve medeniyet kelimeleri arasındaki bağlantıdan hareketle de ispatlamak mümkündür. Arapçada *medine*, Almancada *burgh*, Fransızcada *cite*, İngilizcede ise *city* kelimeleri uygarlık-medeniyet kelimeleriyle aynı köktendir (Benevolo, 1995: 19). Bu açıdan bakıldığında, yemek faaliyeti, kültür, inanç ve erkin, birbirleriyle doğrudan ilişkili olduğu görülmektedir. Çatalhöyük'teki Ana Tanrıça heykelinin bir tahıl ambarında bulunması, bu minvalde, inanç-tarım-yemek ve yaşam arasında sıkı bağlantının bir delilidir.

Tüm bu değerlendirmelerden hareketle, yemek faaliyetinin yaşamsal olduğu kadar sosyo-psikolojik ve gizemli bir tarafının olduğu da aşikârdır. Öyle ki günümüzde uykuda olmadan geçirilen zamanın yaklaşık 15 yılı yemek yemeye ayrılmaktadır (Pasini, 2001: 11). Bu süre, bir insan ömrüyle kıyaslandığında, bu önemde olan bir faaliyetin sadece sindirim sistemiyle alakalı olduğunu iddia etmek son derece yanlış olur.

---

13 Yapısalcı düşünce çerçevesinde geliştirdiği teorisinde Jack Goddy, kültür ile ateşin törensel tarafı ve bir araya getirici vasfı ile ilişki kurmakta ve aslında süreç odaklı bir aile olma bilincine vurgu yapmaktadır.

14 Neolitik Dönem; Yeni Taş ya da Cilalı Taş Devri olarak da adlandırılır.

Kültürün oluşumuna etkisi yadsınamaz olan yemek faaliye-tinin sosyo-kültürel ve siyasi hayata da ciddi tesirleri olmuştur. Yakın tarihte dahi, bu tesire ilişkin ilginç örnekleri görebilmek mümkündür. 1773 yılında Boston Limanı'nda çayların denize dökülmesine neden olan çay vergisinin Amerika Birleşik Dev-letleri'ni bağımsızlığa götürecek süreci başlatması, bu açıdan il-ginç olduğu kadar ilgi çekici de bir örnektir[15].

---

15 ABD'nin bağımsızlık süreci hakkında ayrıntılı bilgi için bkz. Rene Re-mond (2016). *ABD Tarihi*, Ankara: Dost Yayınları, s. 22-31.

I. BÖLÜM

Buzul Çağı'ndan Barok Dönem Sonuna

Başlangıcından Antik Döneme

Pişirmeye bağlı olarak, kendi gelişim süreci açısından bir devrim olarak kabul edilebilecek yeme-içme faaliyetinin sanata tesirleri ilk olarak Üst Paleolitik Dönem olarak adlandırılan Buzul Çağı'nın sonlarında görülmektedir.

MÖ 40.000 sonrasına ait kadın ve fantastik hayvan heykelcikleri ile mağara resimleri, (Güney Afrika'daki süs eşyaları sayılmazsa), insanlık tarihinin ilk sanat eserleri olarak kabul edilmektedir. Yapılış amaçları hakkında farklı teoriler bulunmakla birlikte, mağara duvarlarını süsleyen hayvan resimlerinin inanç ve büyü gibi gerekçelerle meydana getirildiği genel kabuldür[16] (Farthing, 2017: 16). Bu çağ insanlarının avcı ve toplayıcı bir yapıya sahip olduğu düşünüldüğünde, avın (dolayısıyla hayvanların) Buzul Çağ insanları için, aynı zamanda yaşamın sürdürülebilmesi oldukça önemli bir faaliyet alanı olarak da görüldüğü söylenebilir. Bu hayatta kalma mücadelesi, avın kendisinin, avlanan hayvanın ve hatta hayvanın yenmesinin dahi kutsal bir ritüel olarak kabul edilmesine zemin hazırlamıştır. Eliade bu bağlantının kökenini erginlenme törenlerine bağlamakta ve *yabanıl hayvan efendi* fenomeni ile ilişkilendirmektedir (Eliade, 2018: 30,31). Bu hayvanla bütünleşme süreci dahilinde Donna Rosenberg'te, ilkel insanların cesaret, akıl, kuvvet ve yetenek sahibi olmak için korkulu düşmanın (ki burada bunu hayvan olarak yorumlamak da

---

16 Henüz o dönem için güzellik, estetik, fayda, yarar, haz gibi pek çok duygu ve kavramdan bahsedilemeyeceği için ortaya çıkartılan ürünlerin değerlendirilmesi sadedinde, *sanat* dışında olgulara mecburen ihtiyaç duyulmaktadır. Sanat ve ortaya çıkışı ile ilgili olarak bkz. Larry Shinner (2001). *Sanatın İcadı Bir Kültür Tarihi*, (Çev. İsmail Türkmen), İstanbul: Ayrıntı Yayınları.

son derece mümkündür) organlarının yenmesi gerektiğine inandıklarını ifade etmiştir (Rosenberg, 2000: 32). Bu durum, mağara duvarlarında görülen hayvan tasvirlerinin (diğer görüşlere ilave olarak) bir gıda nesnesi olarak da ele alınması ihtimalini de beraberinde getirmektedir (Fotoğraf 1)[17].

Tarih öncesi devirlerin yeme-içme kültürü hakkında kesin bilgilere ulaşmak maalesef mümkün değildir. Bununla birlikte, arkeolojik kazılar ve ele geçen sanat eserleri sayesinde, Antik Çağ'ın yemek kültürüne ışık tutacak pek çok bilgiye ulaşılmakta ve Antik Çağ'da çeşitli yemekli eğlencelerin[18] yapıldığı öğrenilebilmektedir (Freedman, 2007: 59, 60). Bir sosyalleşme aracı olan yemekli eğlenceler dışında, Antik Dönem'de yeme-içme faaliyetinin bir ihtiyaç olmaktan çıktığı ve endüstriyel bir mahiyet kazandığı da görülmektedir. Ayrıca yeme-içme faaliyetinin Antik Çağ ekonomisi açısından da son derece önemli olduğunu belirtmek gerekir. Öyle ki, pek çok yemek tarifinde yer alan balık sosunun imalatı (yaklaşık bin yıllık süreçte) Antik Dönem'in yegâne endüstriyel faaliyeti olarak kabul edilebilir (Dalby ve Grainger, 2001: 16). Yemek faaliyetinin gerçek anlamda bir kültüre dönüştüğü, kurumsallaştığı ve endüstriyelleştiği Yunan ve Roma uygarlıklarından

---

17 Elbette ki Buzul Çağı insanlarının mağara resimlerini salt yeme-içme faaliyeti odaklı yaptıkları söylenemez. Zira başta balık olmak üzere kendileri için yer yer besin maddesi de olabilen bazı kemirgen ve böcekler, neredeyse hiç tasvir edilmemiştir (Curtis, 2017: 27, 28). Buna rağmen Buzul Çağı'nda avlanma, av ve yeme içme faaliyeti arasında kutsal bir ilişkinin olduğu muhakkaktır. Bu bağlamda Ergun Kocabıyık'ın tespitleri dikkat çekicidir: *Avcı-toplayıcıların geleneğinde, beslenmek yalnızca organik değil, aynı zamanda ruhani bir iştir; çünkü insanlar yedikleri yiyecekler aracılığıyla bir üst gerçekliğe ulaşırlar: Doğaüstü varlıkların yarattığı bir şeyi, hatta bazı durumlarda bu varlıkların özünü; zengin, güçlü, önemli bir şeyi yerler. Avlanmanın, avcının avını uzun süre sabırla takibi sonucunda gerçekleşmesi, zamanla avcı ile av arasında kendine özgü bir ilişki, bir tür ruhani dayanışma doğurmuş olsa gerektir. Av, avlanan bir şeyden çok, kendini avlatan ruhani bir varlık olarak görülmüştür. Bu dayanışma nihayetinde insan toplumları ile hayvan dünyası arasındaki "akrabalığın" bir gereğidir* (Kocabıyık, 2015: 126).

18 Günümüzde bilimsel bir etkinlik türü olan sempozyum, ismini Antik Yunan Dönemi'ndeki içkili akşam yemekleri (şölenleri) olan *symposi-on*lardan almaktadır. Ayrıntılı bilgi için bkz. Hilary J. Deighton (2005). *Eski Atina Yaşantısında Bir Gün*, (Çev. Hande Kökten Ersoy), İstanbul: Homer Yayınları, s. 82-89.

günümüze intikal eden yazılı eserler, dönemin yemek kültürüne ilişkin pek çok bilginin öğrenilmesine imkân tanımaktadır. Ayrıca özellikle Yunan Dönemi'ne ait seramikler ve Roma Dönemi'ne ait fresk-mozaiklerde de dönemin yemek kültürü hakkında bilgi verebilecek çok sayıda betimleme bulunmaktadır (Fotoğraf 2, 3). Mozaik çeşitleri içerisinde üzerinde yemek artıklarına ait tasvirlerin yer aldığı *asarotos oikos*lar, sanat ve gastronomi ilişkisi bağlamında oldukça mühimdir. Yemek artıklarının tasvir edildiği bu mozaikler, Roma dünyasında, farklı coğrafyalardan gelen pek çok ürünün tüketildiğinin bir delili olarak ev sahibi için bir zenginlik ve statü göstergesi olarak kabul edilmekteydi (Fathy, 2017: 24). Roma İmparatorluğu'nda ayrıca; bolluk ve bereketi temsil etmesi bakımından buğday başağının, kent simgesi olarak bazı meyvelerin ve kutsallık vurgusu yapmak için çeşitli kurban sahnelerinin sikkelerde yer aldığı da görülmektedir[19].

Bu yazılı kaynak, buluntu ve arkeolojik verilerden; Antik dünyada yemekli eğlencelerin bir geleneğe dönüştüğü, aş evleri mahiyeti arz eden kamusal yapılardan hamamlara, esas faaliyetlerinin dışında aynı zamanda yemek yenen sosyal mekânların da bulunduğu ve hatta yeme-içme eylemiyle beraber yapılan çeşitli oyunların olduğu öğrenilmektedir (Fotoğraf 4)[20]. Roma Uygarlığı'na yönelik yapılan arkeolojik kazılar neticesinde Antik dünyada, yeme-içme faaliyetinin dolaylı olarak gerçekleştirildiği yapılar dışında, doğrudan sıcak yemek tüketimi için yapılmış *thermopolium* adı verilen ve günümüz restoranlarına benzeyen çok sayıda yapı da tespit edilmiştir. (Fotoğraf 5)[21].

---

19   Roma Dönemi sikkelerinde gastronomik unsurların kullanımı hakkında ayrıntılı bilgi için bkz. Tulga Albustanlıoğlu ve Hakan Güleç (2020). "Roma İmparatorluk Dönemi Sikkelerinde Yer Alan Gastronomik Unsurlar", *Journal of Tourism And Gastronomy Studies*, C:8, S: 1, s. 432-466.

20   Ayrıntılı bilgi için bkz. Fikret Yegül (1994). *Antik Çağda Hamamlar ve Yıkanma*, (Çev. Emer Erten), İstanbul: Homer Yayınları; Hillary J. Deighton (2002). *Eski Roma Yaşantısında Bir Gün*, (Çev. Hande Kökten Ersoy), İstanbul: Homer Yayınları; Homeros (2014). *Odysseia*, (Çev. Fulya Koçak), İstanbul: Arkadaş Yayınları.

21   Roma Dönemi'nde sadece Pompei'de 89 adet thermopolium bulunmaktaydı. Pompei kazıları, tespit edilen yapı ve thermopoliumlar için bkz. Parco Archeologico di Pompei (2015). *Führer durch die Ausgrabungen von Pompeji*, Rome: Parco Archeologico di Pompei Press.

Roma sonrası süreç, Avrupa sanatı için Ortaçağ'ın başlangıcı olarak kabul edilir. Kendi içerisinde üç döneme ayrılan Ortaçağ'ın 5-8. yüzyıllar arasındaki döneminde, herhangi bir anıtsal mimariden söz etmek mümkün değildir (Turani, 2011: 218). Bu duruma binaen erken Ortaçağ yaşamı içerisindeki resim sanatına ilişkin örnekler el yazmalarıyla sınırlı kalmıştır (Beksaç ve Akkaya, 1990: 27). Romanesk Dönem Avrupa'sı (11-12. yüzyıllar) sanatsal anlamda ilk kıpırdanmaların yaşandığı dönem olup, dönemin resim sanatı daha çok manastır rahiplerinin tekelinde, kitap sanatları ve duvar freskleriyle sınırlıydı (Tansuğ, 1993: 93). Gotik Dönem, resim sanatında yeni tekniklerin ve arayışların ortaya çıktığı dönem olmasının yanında, Rönesans'ı oluşturan şartları hazırlaması bakımından önemlidir[22]. Bu hazırlayıcı vasfının dışında, resim sanatı açısından Gotik Dönem'in en büyük yeniliği vitraydır[23]. Avrupa resim sanatındaki esas devrim ise 15. yüzyılda gerçekleşmiştir[24]. Kısa bir geçiş dönemi olan Maniyerizm'den sonraki Barok Dönem'de de teknik bakımından birtakım köklü değişiklikler yaşanmış olsa da konu ve muhteva, Rönesans'ın kazanımlarının genel hatlarıyla çok dışına çıkmamıştır.

---

22 Rönesans'ın öncüsü olarak kabul edilen ilk sanatçı Pisalı heykeltıraş Nicolo Pissano olup, şüpheciliği benimsemiş ve kozmopolit bir havanın egemen olduğu sarayda ikamet eden filozof-prens imparator II. Friedrich'in egemenlik yıllarında (1220-1284) yaşamıştır (Bazin, 2014: 226).

23 Vitray, Gotik Mimari'de duvarların ortadan kalkmasının zaruri bir sonucu olarak ortaya çıkmıştır (Benoist, 1975: 22).

24 Bu süreçte öncü ülke İtalya'dır. Fakat devrim olarak kabul edilebilecek yenilikler yarımadada ve kıtada eşzamanlı gerçekleşmemiştir. Bu durum, bölgelere göre teknik farklılıkların görüldüğü çeşitli ekollerin ortaya çıkmasına neden olmuştur. Ayrıntılı bilgi için bkz. Leyla Varlık Şentürk (2012). *Analitik Resim Çözümlemeleri*, İstanbul: Ayrıntı Yayınları.

Ortaçağ'dan Rönesans'ın Sonuna

Toplumsal yaşamı biçimlendirme vasfı da olan dinin en önemli toplumsal pratiklerden biri olan yeme-içme faaliyetine tesir etmediğini düşünmek imkânsızdır. Haram ve helal besinlerden belli günlerde yapılan törenlere, törenlerde yenilecek yemeklerden kesilecek hayvanların özelliklerine kadar pek çok bilgiyi (kuralı) kutsal kitaplarda görmek mümkündür[25]. Bu sebeplerden dolayı kutsal kitapların tamamı yeme-içme faaliyetleri bakımından zengin argümanlar sunmaktadır.

Roma sonrası Avrupa sanatının şekillenmesinde Katolik düşüncesi birinci derecede rol oynamıştır. Dinin etkisinde şekillenen bu yapı, *hakikat*i semboller vasıtasıyla anlatan bir dil oluşturmuştur. Bu bağlamda, 13-14. yüzyılın önemli yazar ve düşünürü Dante, *zahirdeki ve görünen anlamlar sadece bir örtüden ibarettir* diyerek aslında o çağın dünya görüşünü özetlemekteydi (Aktaran: Guenon, 2014: 9). Ünlü düşünür Umberto Eco ise Ortaçağ'da insanların, her şeyde Tanrı'ya ilişkin bir bağlantı arayan sezgisel gerçekler ve betimlemelerle dolu bir dünyada yaşadığını belirtmektedir (Eco, 2016: 96). Binaenaleyh Ortaçağ Batı sanatında da inancın etkisiyle gelişmiş ve dini olguları daha çok sembolik bir şekilde anlatan bir anlatım tarzından söz edilebilir. Genel geçer bir bilgi

---

25 *O, size; ölüyü, kanı, domuz etini, Allah'tan başkası için kesileni haram kılmıştır. Ancak kim mecbur kalırsa saldırmamak ve sınırı aşmamak şartıyla günah yoktur. Muhakkak ki Allah, Gafur'dur, Rahim'dir.* Bakara, 173; *Bunu alın ve aranızda paylaşın. Çünkü size derim ki, tanrının krallığı gelene dek ben asmanın ürününden hiç içmeyeceğim. Ve ekmeği aldı, teşekkürlerini sunup onu böldü. Bu, sizin için benim bedenimdir. Bunu benim anılmam için yapın.* Luka, 22/14-19.

olarak Rönesans'la beraber natüralist bir tutumla bu sembolik dilin yıkıldığı söylense de yapılan araştırmalar bunun (tam olarak) böyle olmadığını göstermektedir (Tükel ve Yüzgüller, 2018: 15).

Sanat ve gastronomi ilişkisi bağlamında her iki çağın resim envanterine de bakıldığında, bir devamlılık arz eden ve sembolik anlamlar barındıran pek çok yeme-içme temalı çalışmanın mevcut olduğu görülmektedir.

Bu temaların başında, *Âdem ile Havva'nın Cennetten Kovulması* gelmektedir. Cennetten kovuluşa neden olan sürecin resmedildiği hadise, kutsal kitapta şu şekilde anlatılmaktadır:

> Ve Rab Allahın yaptığı bütün kır hayvanlarının en hilekârı olan yılandı. Ve kadına dedi: Gerçek, Allah: Bahçenin hiç bir ağacından yemiyeceksiniz dedi mi? Ve kadın yılana dedi: Bahçenin ağaçlarının meyvasından yiyebiliriz; fakat bahçenin ortasında olan ağacın meyvası hakkında Allah: Ondan yemeyin ve ona dokunmayın ki, ölmeyesiniz, dedi. Ve yılan kadına dedi: Katiyen ölmezsiniz; çünkü Allah bilir ki, ondan yediğiniz gün, o vakit gözleriniz açılacak ve iyiyi ve kötüyü bilerek Allah gibi olacaksınız. Ve kadın gördü ki, ağaç yemek için iyi ve gözlere hoş ve anlayışlı kılmak için arzu olunur bir ağaçtı ve onun meyvasından aldı ve yedi ve kendisi ile beraber kocasına da verdi, o da yedi. İkisinin de gözleri açıldı ve kendilerinin çıplak olduklarını bildiler ve incir yaprakları dikip kendilerine önlükler yaptılar. Ve günün serinliğinde bahçede gezmekte olan RAB Allah'ın sesini işittiler ve adamla karısı RAB Allah'ın yüzünden bahçenin ağ açları arasına gizlendiler (Tekvin, 3/1-8).

Buradaki elma yeme hadisesinin sembolik olarak ele alınması gerektiği doğrudur[26]. Fakat daha önce de vurgulandığı üzere, verilmek istenen mesajın (bir dolaylı anlatım tarzının ürünü olarak) sembolik şekilde gastronomik bir nesne olan elma ile anlatılması oldukça dikkat çekicidir[27] (Fotoğraf 6, 7).

---

26   Başta cinsellik olmak üzere bu metaforun farklı dinlere bağlı farklı yorumlamaları vardır. Ayrıntılı bilgi için bkz. Mineke Schipper (2012). *Âdem İle Havva Her Yerde*, (Çev. Arlet İncidüzen), İstanbul: Ayrıntı Yayınları.

27   Bir günahın sembolik olarak elma ile temsil edilmesinde, elmanın kırmızı renkli olması ve pek çok coğrafyada yetişebilmesinin (bilinirlik) etkisi büyüktür.

Hristiyanlık orijinli olarak resim sanatına konu olan diğer bir önemli yeme-içme faaliyeti ise *İsa'nın Son Akşam Yemeği*'dir. İsa'nın yakalanmadan önce havarileriyle beraber geçirdiği son gecesi, İncil'de şu şekilde geçmektedir:

Akşam olunca İsa on iki öğrencisiyle yemeğe oturdu. Yemek yerlerken, «Size doğrusunu söyleyeyim, sizden biri beni ele verecek» dedi. Bu söz onları kedere boğdu. Teker teker, «Rab, beni demek istemedin ya?» diye sormaya başladılar. O da, «Beni ele verecek olan» dedi, «elindeki ekmeği benimle birlikte sahana batırandır. İnsanoğlu, kendisi için yazılmış olduğu gibi gidiyor, ama İnsanoğlunu ele verenin vay haline! O adam hiç doğmamış olsaydı, kendisi için daha iyi olurdu.» O'nu ele verecek olan Yahuda, «Rabbî, yoksa beni mi demek istedin?» diye sordu. İsa ona, «Söylediğin gibidir» karşılığını verdi. Yemek sırasında İsa eline ekmek aldı, şükran duasını yapıp ekmeği böldü ve öğrencilerine verdi. «Alın, yiyin» dedi, «bu benim bedenimdir.» Sonra bir kâse alıp şükretti ve bunu öğrencilerine vererek, «Hepiniz bundan için» dedi. «Çünkü bu benim kanımdır, günahların bağışlanması için birçokları uğruna akıtılan antlaşma kanıdır (Matta, 26/20-29)[28].

Leonardo Da Vinci'nin Santa Maria delle Grazie Manastırı'nın yemekhane duvarında yer alan ve tarihi süreçte büyük değişikliğe uğramış olan freski, bugüne kadar yapılmış en meşhur son akşam yemeği tasviridir (Fotoğraf 8). Freskin popülaritesi, hem ressamına hem de taşıdığı mistisizme bağlı olarak son yüzyılda oldukça artmış ve özellikle popüler kültürün de etkisiyle, belki de sanatçının diğer önemli eseri *Mona Lisa*'yı gölgede bırakacak bir noktaya gelmiştir[29]. Leonardo Da Vinci'nin bu eseri dışında son akşam yemeğinin tasvir edildiği farklı resimleri, 11-17. yüzyıllar arasındaki süreçte ayrıca görmek mümkündür (Fotoğraf 9, 10).

Ortaçağ düşünce yapısı içerisinde, Meryem'in çocuk İsa'yı emzirdiği *madonna*[30] tasvirleri de, İsa'nın Son Akşam Yemeği ile

---

28 Ayrıca bkz. Markos, 14/12-25, Luka, 22/7-23, Yuhanna, 13/21-30.
29 Dan Brown tarafından kaleme alınan ve büyük bir sansasyon yaratan Da Vinci'nin şifresi adlı roman, freskin tanıtımına büyük bir katkı yapmıştır.
30 Kucağında çocuk İsa'yı tutan Meryem tasviri.

benzerlik göstermesi açısından önemlidir. Dönem sanatçılarınca Meryem'in İsa'yı emzirmesi, son akşam yemeğinde İsa'nın ekmeği bedeni, şarabı ise kendi kanı olarak havarilerine sunması ile ilişkilendirilerek yorumlanmış (Bynum, 1987: 271) ve bu kurgu, *kendini feda etme* teması üzerinden, gerek Ortaçağ gerekse Yeniçağ ressamlarınca oldukça sık tekrarlanmıştır (Fotoğraf 11, 12).

Son Akşam Yemeği dışında, İncil'de geçen ve resim sanatına malzeme olan diğer bir yemekli sahne, *Emmaus'ta Yemek*'tir (Fotoğraf 13). İsa'nın çarmıhtan indirilip gömüldükten sonraki dirilişi ve sonrasındaki gelişmelerle alakalı olan sahne İncil'de şu şekilde anlatılır:

> İsa onlara, "Sizi akılsızlar! Peygamberlerin bütün söylediklerine inanmakta ağır davranan kişiler! Mesih'in bu acıları çekmesi ve yüceliğine kavuşması gerekli değil miydi?" dedi. Sonra Musa'nın ve bütün peygamberlerin yazılarından başlayarak, Kutsal Yazılar'ın hepsinde kendisiyle ilgili olanları onlara açıkladı. Gitmekte oldukları köye yaklaştıkları sırada İsa, yoluna devam edecekmiş gibi davrandı. Ama onlar, "Bizimle kal. Neredeyse akşam olacak, gün batmak üzere" diyerek O'nu zorladılar. Böylece İsa onlarla birlikte kalmak üzere içeri girdi. Onlarla sofrada otururken İsa ekmek aldı, şükretti ve ekmeği bölüp onlara verdi. O zaman onların gözleri açıldı ve kendisini tanıdılar. İsa ise gözlerinin önünden kayboldu (Luka, 24/25-31).

Kana Düğünü, İncil'de geçen yemekli bir eğlence (düğün) olması bakımından önemlidir (Fotoğraf 14). İsa'nın Meryem ile beraber katıldığı bu eğlence hakkında çeşitli görüşler-yorumlar olmakla birlikte, *Kana Düğünü* İncil'de şu şekilde anlatılmaktadır:

> Üçüncü gün Celile'nin Kana köyünde bir düğün vardı. İsa'nın annesi oradaydı. İsa ve öğrencileri de düğüne çağrılmışlardı. Şarap tükenince İsa'nın annesi O'na, «Şarapları kalmadı» dedi. İsa, «Anne, benden ne istiyorsun? Benim saatim daha gelmedi» dedi. Annesi hizmet edenlere, «Size ne derse onu yapın» dedi. Yahudilerin geleneksel temizliği için oraya konmuş, her biri seksenle yüz yirmi litre alan altı taş küp vardı. İsa hizmet edenlere, «Küpleri suyla doldurun» dedi. Küpleri ağızlarına kadar doldurdular. Sonra

hizmet edenlere, «Şimdi bundan alın, şölen başkanına götürün» dedi.

Onlar da götürdüler. Şölen başkanı, şaraba dönüşmüş suyu tattı. Bunun nereden geldiğini bilemedi, oysa suyu küpten alan hizmetkârlar biliyorlardı. Şölen başkanı güveyi çağırıp ona dedi ki, «Herkes önce iyi şarabı, çok içildikten sonra da kötüsünü sunar. Ama sen iyi şarabı şimdiye dek saklamışsın.» İsa bu ilk mucizesini Celile'nin Kana köyünde yaptı ve yüceliğini gösterdi. Öğrencileri de O'na iman ettiler (Yuhanna, 2/1-11).

İncil'de, Hristiyanlığın en önemli kutsal figürlerinden biri olan Vaftizci Yahya'nın ölümü, Batı sanatına *Herodes'in (Hirodes-Herod) Ziyafeti* adlı betimleme ile konu olmuştur (Fotoğraf 15, 16). Herodes'in daveti ve Yahya'nın ölümünün anlatımı İncil'de şöyledir:

> Ne var ki, Hirodes'in kendi doğum gününde saray büyükleri, komutanlar ve Celile'nin ileri gelenleri için verdiği şölende beklenen fırsat doğdu. Hirodiya'nın kızı içeri girip dans etti. Bu, Hirodes'le konuklarının hoşuna gitti.
>
> Kral genç kıza, "Dile benden, ne dilersen veririm" dedi. Ant içerek, "Benden ne dilersen, krallığımın yarısı da olsa, veririm" dedi. Kız dışarı çıkıp annesine, "Ne isteyeyim?" diye sordu. "Vaftizci Yahya'nın başını iste" dedi annesi. Kız hemen koşup kralın yanına girdi, "Vaftizci Yahya'nın başını bir tepsi üzerinde hemen bana vermeni istiyorum" diyerek dileğini açıkladı. Kral buna çok üzüldüyse de, konuklarının önünde içtiği anttan ötürü kızı reddetmek istemedi. Hemen bir cellat gönderip Yahya'nın başını getirmesini buyurdu. Cellat zindana giderek Yahya'nın başını kesti. Kesik başı bir tepsi üzerinde getirip genç kıza verdi, kız da annesine götürdü. (Markos, 6/21-28)[31].

Tüm bu örneklerde anlatılan konuların odağında, vedalaşma-hesaplaşma merkezli bir birleşme-ayrılık vurgusu olduğu görülmektedir. Başka bir ifadeyle, tüm anlatılarda sofraya dö-

---

31　Ayrıca Matta, 14/1-12; Luka, 9/7-9.

nüştürülen yemek masası, sembolik olarak bir araya getirme ve dağıtma gibi eylemlerin temsili olmuştur.

Kutsal kitaplarda geçen metaforik başka bir anlatı ise kurban ritüelidir. Sözlük anlamı olarak; *Bir ülkü uğrunda feda edilen veya kendini feda eden kimseye kurban* denilmektedir[32]. Buradaki ülkü kavramı, inanç olarak da pekâlâ kabul edilebilir. Bu açıdan bakıldığında, pek çok inanç sistemi içerisinde var olan *kurbanı*, insanlık tarihi kadar eski ibadet (ya da ritüel) olarak kabul edebilmek mümkündür (Aydın, 2005: 1, 2). Özellikle Ortadoğu düşünce ve inanç geleneğinde çok önemli bir yeri olan kurban, ilahi olarak kabul edilen dinler içinde büyük bir önem taşımaktadır[33]. Yahudilik öncesi pek çok topluma ait mitte de yer alan kurban, özellikle Gotik Dönem sonrası Batı sanatında (Katolik düşüncesi merkezli bir bakış açısıyla), resme konu olmaya başlamıştır. Kurban merasiminin yapılış gayelerinin ötesinde sosyolojik bir tarafının da olmasından dolayı, kurban ibadeti aynı zamanda bir yemek faaliyeti olarak da değerlendirilebilir.

Özellikle Tanah[34] menşeli bir hadise olan kurban sahneleri için ayrı bir parantez açmak gerekmektedir. Avrupa resim sanatında kurban ile ilişkili sahneler daha çok Tanah kaynaklıdır. *İbrahim'in İsmail'i Kurbanı, Nuh'un Kurbanı* ve *Nuh'un Sarhoşluğu* gibi isimler alan betimlemeler, Tanah'ta geçen ve Avrupa resmine konu olan en önemli sahnelerdir (Fotoğraf 17-19). Bu sahnelerden özellikle *İbrahim'in İshak'ı*[35] *Kurbanı*, Batı resminde farklı dönemlerde pek çok sanatçı tarafından ele alınmış ve modern

---

32   TDK Sözlük. İnternet Erişim: http://www.tdk.gov.tr/index.php?option=com_gts&arama=gts&guid=TDK.GTS.5a9cf8b6a45f66.19789546. Erişim Tarihi: 12.06.2017.

33   Karen Amstrong'a göre kurban ritüellerinin ortaya çıkmasında Paleolitik Dönem'deki avcı hayatın etkisi vardır. Bkz. Karen Amstrong (2013). *Mitlerin Kısa Tarihi*, (Çev. Dilek Şendil), İstanbul: Alfa Yayınları, s. 26, 27.

34   İçerisinde Tevrat'ın da yer aldığı Yahudi kutsal kitabının genel adı.

35   Kurban edilen İbrahim'in oğlu Müslümanlara göre İsmail, Musevilere göre ise İshak'tır. Kitap, batı sanatı merkezli bir seyir izlendiği için metin içerisinde İbrahim'in kurban edilen oğlu İshak olarak kabul edilmiştir. Ayrıntılı bilgi için bkz. Ahmet Güç (2003). *Çeşitli Dinlerde ve İslam'da Kurban*, Bursa: Düşünce Kitabevi.

dönemde üretilen çalışmalara bile ilham kaynağı olmuştur (Göğebakan, 2016: 74). Bu üç hadise Tanah'ta şu şekilde geçer:

> Yakmalık sunu için yardığı odunları oğlu İshak'a yükledi. Ateşi ve bıçağı kendisi aldı. Birlikte giderlerken İshak İbrahim'e, "Baba!" dedi. İbrahim, "Evet, oğlum!" diye yanıt verdi. İshak, "Ateşle odun burada, ama yakmalık sunu kuzusu nerede?" diye sordu. İbrahim, "Oğlum, yakmalık sunu için kuzuyu Tanrı kendisi sağlayacak" dedi. İkisi birlikte yürümeye devam ettiler. Tanrı'nın kendisine belirttiği yere varınca İbrahim bir sunak yaptı, üzerine odun dizdi. Oğlu İshak'ı bağlayıp sunaktaki odunların üzerine yatırdı. Onu boğazlamak için uzanıp bıçağı aldı. Ama RAB'bin meleği göklerden, "İbrahim, İbrahim!" diye seslendi. İbrahim, "İşte buradayım!" diye karşılık verdi. Melek, "Çocuğa dokunma" dedi, "Ona hiçbir şey yapma. Şimdi Tanrı'dan korktuğunu anladım, biricik oğlunu benden esirgemedin." İbrahim çevresine bakınca, boynuzları sık çalılara takılmış bir koç gördü. Gidip koçu getirdi. Oğlunun yerine onu yakmalık sunu olarak sundu. (Yaratılış, 22/6-13).

> Nuh RAB'be bir sunak yaptı. Orada temiz sayılan hayvanların ve kuşların hepsinden yakmalık sunular sundu. Güzel kokudan hoşnut olan RAB içinden şöyle dedi: "İnsanlar yüzünden yeryüzünü bir daha lanetlemeyeceğim. Çünkü insanın yüreğindeki eğilimler çocukluğundan itibaren kötüdür. Şimdi yaptığım gibi bütün canlıları bir daha yok etmeyeceğim. "Dünya durdukça, Ekip biçmek, Sıcak, soğuk, Yaz, kış, Gece, gündüz hep var olacaktır." (Yaratılış, 8/20-22).

> Nuh çiftçiydi, ilk bağı o dikti. Şarap içip sarhoş oldu, çadırının içinde çırılçıplak uzandı. Kenan'ın babası olan Ham babasının çıplak olduğunu görünce dışarı çıkıp iki kardeşine anlattı (Yaratılış, 9/20-22).

Kurbanla ilişkili bu üç sahne dışında Tanah'ta yer alan, yeme-içme faaliyetiyle bağlantılı olan ve resim sanatında kendine yer bulan diğer bir hadise ise *İbrahim'i Üç Meleğin Ziyareti'dir* (Fotoğraf 20). İbrahim'e bir erkek çocuğu olacağını söylemeye gelen üç meleğin İbrahim tarafından misafir edilmesi, Tanah'ta şu şekilde anlatılır:

Avram doksan dokuz yaşındayken RAB ona görünerek, "Ben Her Şeye Gücü Yeten Tanrı'yım" dedi, "Benim yolumda yürü, kusursuz ol. Seninle yaptığım antlaşmayı sürdürecek, soyunu alabildiğine çoğaltacağım." Avram yüzüstü yere kapandı. Tanrı, "Seninle yaptığım antlaşma şudur:" dedi, "Birçok ulusun babası olacaksın. Artık adın Avram değil, İbrahim olacak. Çünkü seni birçok ulusun babası yapacağım. Seni çok verimli kılacağım. Soyundan uluslar doğacak, krallar çıkacak. (Yaratılış, 17/1-5).

Hemen hemen bütün dinler ve felsefi ekoller, çok yemenin zararlı olduğunu belirtmiştir. Bununla birlikte (sanata konu olması sadedinde), oburluğun bir problem olarak algılandığı yegâne inanç Hristiyanlıktır. Bu anlayışın ekseninde, özellikle oburluğa göndermede bulunan ve dini olarak da kabul edilebilecek çeşitli betimlemelerde, Ortaçağ ve sonrası Avrupa resminde görülür (Fotoğraf 21).

Teknik olarak perspektifin resim sanatına girmesinin dışında, Rönesans Dönemi'nin içerik bakımından belki de en önemli yeniliği, kendisinden önceki döneme egemen konularının aksine, din dışı (profan ve hümanist) olarak kabul edilebilir konuların resim sanatına ilham olmasıdır (Şentürk, 2012: 42, 43). Bu durum esas itibariyle Rönesans'ın ortaya çıkış prensibiyle alakalıdır[36]. Sermaye birikimi, gösteriş ve lüks merakını ifade edebilmek adına sanatın kullanılması, sanat merkezli bir atılımı da beraberinde getirmiştir (Beksaç ve Akkaya, 1990: 122). 15. yüzyıl İtalya'sında neşet eden ve Ortaçağ Avrupası'ndan farklı bir insan-dünya görüşüne sahip olan Rönesans düşüncesi, Antik Çağ'ın verilerinden de ciddi oranda beslenmiştir (Öndin, 2016: 69). Bu durum pek çok farklı düşünce ekolünün-okulunun İtalya'da kurulmasına ve desteklenmesine de neden olmuştur. İnsan merkezli bir düşünce anlayışının egemen olmaya başladığı Rönesans Avrupası'nda Hristiyanlığa karşı olan tutum ve Antik Dönem metinlerine yeniden

36 İtalya'da ortaya çıkan Rönesans hareketini hazırlayan etkenler-gelişmeler, dünyanın farklı coğrafyalarında farklı zamanlarda da görülmüştür. Ayrıntılı bilgi için bkz. Jack Goody (2010). *Rönesanslar*, (Çev. Bahar Tırnakçı), İstanbul: İş Bankası Kültür Yayınları.

ilginin artması, manzara, portre dışında Antik dönem kaynaklı resimlerin yapılmasına da olanak tanımıştır (Goody, 2010: 19, 21).

Rönesans ile beraber ortaya çıkan, Barok Dönem'de de örnekleri görülen ve yeme-içme kültürü ile ilişkili din dışı konular; antik mitoloji[37] ve sosyo-kültürel hayat menşeli olanlar olmak üzere ikiye ayrılabilir[38].

Bu süreçte Sandro Botticelli, farklı bir güzellik bakışına bağlı olarak mitolojik unsurları Rönesans resmine taşıyan ve geniş kitlelerce tanınan ilk ressamlardan biridir (Faure, 1979: 64). Rönesans'la birlikte yapılmaya başlanan mitolojik sahnelerden yeme-içme faaliyetiyle alakalı olanlardan biri, yine metaforik bir anlamı ihtiva eden; *Kronos'un Çocuklarını Yemesi*'dir (Fotoğraf 22).

> İnanışa göre; Kronos. Kız kardeşi Rhea ile evlendikten sonra Hestia, Demeter, Hera, Hades ve Poseidon adlı beş çocukları oldu. Kronos kendi babasına yaptığını hiç aklından çıkartmayarak doğan tüm çocuklarını yiyerek içinde tutmaya başladı. Bundan kurtulan tek çocuk Rhea tarafından Girit'te doğurulan Zeus'tu. Rhea Zeus yerine Kronos'a bir taş verdi ve Kronos o taşı yuttu. Bir mağarada keçi sütü içerek büyüyen Zeus daha sonra mağaradan çıkarak babasına karşı bir savaş başlattı ve tüm kardeşlerini kurtararak Kronos'u yerin ve denizlerin dibine attı[39] (Can, 2011: 24).

Antik mitolojide yer alan ve içerisinde bir elmanın yer almasıyla *Adem ile Havva* sahneleriyle benzerlik arz eden *Paris'in*

---

37 Mitolojinin mahiyeti hakkında, *din ile aynı ve ayrı kaynaktan beslenme durumuna göre* oluşmuş iki farklı düşünce ekolü bulunduğunu söylemek mümkündür. Ayrıntılı bilgi için bkz. Fuzuli Bayat (2005). *Mitolojiye Giriş*, Çorum: Karam Yayıncılık, s. 78-86. Bu dipnotta mitolojinin din dışı olarak zikredilmesi o dönemdeki anlayış ve bakış açısıyla alakalıdır. Metnin geri kalanında mitoloji, inanç başlığı altında kabul edilerek ele alınmaya devam edilecektir.

38 Barok Dönem ve sonrası süreçte (pek çok farklı etkene bağlı olarak), farklı kaynaklardan beslenen din dışı konuları resim sanatında görmek mümkündür. Bu bağlamda özellikle Fransız İhtilali ve Sanayi Devrimi, gerek süreçleri hazırlayan şartları gerekse de etkileriyle resim sanatını doğrudan etkilemiştir.

39 Bu savaşın (Titanomekhia) ardından Titanlar Çağı sona ermiş ve Tanrılar Çağı başlamıştır. Savaş hakkında ayrıntılı bilgi için bkz. Hesiodos (2015). *Tanrıların Doğuşu*, (Çev. Furkan Akderin), İstanbul: Say Yayınları, s. 86-92.

Seçimi (Paris'in Yargısı), dünyanın ilk güzellik yarışması olması münasebetiyle de önemlidir (Fotoğraf 23). Bir düğüne davet edilmeyen nifak tanrıçası Eris, intikam almak için bir masaya üzerinde en güzele yazan bir elma koyup oradan ayrılır. Düğünde olan Athena, Hera ve Afrodit elmaya sahip olmak isterler ve Zeus'un huzuruna çıkarlar. Hadisenin devamı şu şekildedir:

> Zeus, tanrıçalar dedi, ben üçünüzü de aynı derecede seviyorum, birbirinizi öbüründen ayırt edemem. Bu nazik meseleyi halletmek için İda Dağı'na gidiniz. Orada Paris adında bir çoban, sürüsünü gütmektedir. Onun yanına varınız, hakem olarak onu seçtim. Çünkü onun zevkine, bilgisine, yiğitliğine güvenim vardır. Haydi Hermes, şu elmayı al, üç tanrıça ile İda Dağı'na git ve çobana de; Paris, baş tanrı Zeus'un emri ile şu elmayı alacaksın ve bu üç tanrıçadan hangisi daha güzel ise ona vereceksin[40]. (Can, 2011: 115).

İçerisinde elmanın geçtiği ve Antik dönem kaynaklı bir diğer hikâye de, *Altınların Çekiciliğine Kapılan Atalante'dir* (Fotoğraf 24). Anlatı şu şekildedir:

> Arkas'ın soyundan gelen Atalante'nin babası hep bir erkek çocuğu olsun istemiş bunun üzerine kız olarak doğan Atalente'yi ret etmiştir. Doğada büyüyen Atalente erkekleri bile yenebilecek meziyetere sahip olmuştur. Bir kehanete görevlenirse bu özelliklerini kaybedeceğini bilen Atalente, kendisiyle evlenmek isteyenlerle koşu yarışı yapmayı teklif eder. Yarışı her defasında kazanan Atalente rakiplerini öldürür. Atalente'yi bir gün Melanion ya da Ovidus'un verdiği isimle Hippomenes görür ve âşık olur; evlenmek ister. Ancak kızın yeminini bozmayacağını anlayınca tanrıça Aphrodite yardımıyla bir hile düşünür. Koşuya giderken yanına üç altın elma alır. Yarış her zamanki gibi Atalente'nin rakiplerine verdiği avansla başlar. Bu avansla önden koşmaya başlayan Hippomenes, Atalente kendisine yaklaştıkça elmaları bir bir yere atar. Elmaları topla-

---

40 Yunan Mitolojisi'ne göre Truva Savaşı'nın sebebi de bu güzellik yarışmasıdır. Truva savaşı hakkında ayrıntılı bilgi için bkz. Homeros (2017). *İlyada,* (Çev. Abdullah Ersoy), İstanbul: Panama Yayıncılık.

mak için üç defa duran Atalente yarışı kaybeder ve Hippome-nes ile evlenir (Boynudelik, 2017: 127, 128).

Tanah'ta geçen kurban sahnelerine benzeyen ve kökeni Tru-va Savaşı'na kadar giden mitsel bir hadise olan *İphigeneia'nın Kurbanı*, Antik Dönem kökenli bir konu olarak 15. yüzyıl sonrası resim sanatına konu olmuştur (Fotoğraf 25).

Agamemnon ve Klytaimnestra'nın kızı olan İphigeneia'nın hikâyesi şu şekildedir:

Agamemnon Artemis'in öfkesine uğramıştı. Bu yüzden Ak-hafilosu süregiden bir esintisiz hava dolayısıyla bir türkü Aulis'ten ayrılmıyordu. Bu durumda ne yapması gerektiğini kâhin Kalkhas'a sorunca, kâhin kendisine Mykenai'de olan İphigeneia'yı kurban etmesi gerektiğini söyledi. Agamemnon bunu önce kabul etmedi fakat daha sonra kızını nişan ba-hanesiyle yanına getirtti ve Artemis sunağına sundu. Fakat tanrıça son anda kıza acıdı ve kurban olarak onun yerine bir geyik koydu ve İphigeneia'yı Tauris'e götürerek kendi rahi-besi yaptı (Grimal, 2012: 327).

Roma'da Baküs ismini alan Yunan tanrısı Dyonizos, Antik Yunan'ın tiyatro, eğlence, şarap, üzüm ve mistik vecd tanrısıdır (Berens, 2011: 136, 137). Bu sebebe binaen Dyonizos ile ilgili an-latılarda, yemekli-eğlenceli betimlemeler sıkça görülür. Vecd, ti-yatro ve eğlence tanrısı Dyonizos'un konu edildiği yeme-içme ve eğlence temalı sahneler, dönemin genel teamülleri paralelinde, Rönesans ve Barok dönemde sıkça tekrarlanmıştır (Fotoğraf 26, 27). Dyonizoslu tasvirler dışında Antik dünya ile ilişkili ziyafet sahneleri de Rönesans ile beraber Batı resminde görülmeye baş-lamıştır (Fotoğraf 28).

Rönesans'la beraber din (Katolik Kilisesi) ve mitoloji dışında, sosyal hayatın da resme konu edildiği görülmektedir. Bu resim-ler içerisinde yeme-içme faaliyetiyle ilgili olanlar önemli bir gru-bu oluşturmaktadır. Kendi içerisinde realist ve fantastik olarak ikiye ayrılabilecek resimlerin ilk örneklerinden biri, Rönesans Dönemi'nin de erken tarihli eserlerinden biri olan, *Limbourg Kar-*

deşlerin Mevsimler Kitabı'nda yer alan minyatürdür (Fotoğraf 29). Zengin bir sınıfa ait yemekli bir merasimin anlatıldığı bu minyatür dışında, Rönesans dönemine tarihlenen pek çok yağlıboya, fresk ve yazma da dönemin mutfak kültürü, yemekli davet ve eğlencelerine değinen çalışmalara rastlanabilir (Fotoğraf 30-31).

Pieter Bruegel, sosyo-kültürel hayatı resme taşıyan Rönesanslı ressamlar içerisinde en tanınanlarındandır. Bruegel'in özellikle kırsal alana yönelik çalışmaları dönemin sosyal hayatına ilişkin bir betimleme yapması ve yemekli eğlenceleri sembolik-alegorik bir anlatım tarzıyla çalışmalarına konu etmesi bakımından dikkat çekicidir (Fotoğraf 32, 33).

15. yüzyıl, Batı resminde yeme-içme kültürü ile alakalı fantastik resimlerin de (Roma sonrası süreçte) görülmeye başladığı evredir. Bu tarz resimlerin döneme ait en önemli ve bir bakıma tek temsilcisi ise Hiorenymus Bosch'tur. Bosch'u yaşadığı çağın dışında, fantastik bir yaklaşımla adeta modern sanata göndermelerde bulunan Yeniçağ ressamlarından biri olarak değerlendirmek mümkündür[41]. Hiorenymus Bosch'un döneme ve dönemin yaşantısına ilişkin eleştirel bir tarafı da olan *Dünyevi Zevkler Bahçesi*[42] içerisinde yemek tasvirlerinin de bulunduğu önemli bir çalışmadır (Fotoğraf 34). Bosch'un ayrıca benzer içeriğe sahip farklı çalışmaları da bulunmaktadır (Fotoğraf 35).

Rönesans döneminin kendine has bir üslubu olan ve yaptığı resimlerle sürrealistlerin öncülerinden biri olarak bile kabul edilebilecek Maniyerist[43] ressam Giuseppe Arcimboldo'nun yaptığı resimler, 16. yüzyıl Avrupa'sında bilinen meyve ve sebzelerin

---

41 Aynı üslup Albrecht Dürer'in gravürlerinde de görülebilir olup, bu durumu Kuzey resminin özelliği ve gerçeklik algısı ile ilişkilendirmek mümkündür. Ayrıntılı bilgi için bkz. Mazhar Şevket İpşiroğlu ve Sebahattin Eyüboğlu (2013). *Avrupa Resminde Gerçek Duygusu*, İstanbul: Hayalperest Yayınları.

42 Triptikon pano üzerine yağlıboya olarak yapılan Dünyevi Zevkler Bahçesi, Ortaçağ ve Simya ilişkisi dâhilindeki *asıl anlamı* itibariyle de oldukça önemli bir çalışma olup, resimdeki dört ayrı konu, simyadaki dört ayrı aşamaya karşılık gelmektedir. Ayrıntılı bilgi için bkz. Nilüfer Öndin (2017). *Rönesans ve Simya*, İstanbul: Hayalperest Yayınları, s. 159-176.

43 Maniyerist tabiri (sadece) döneme ilişkin (tarihsel) bir saptamadır. Zira Archimboldo'nun eserleri, pek çok açıdan üslubun diğer ressamlarının çalışmalarından ayrılmaktadır.

farklı bir şekilde ele alınmasına örnek oluşturmaktadır (Fotoğraf 36). Meyve ve sebze tasvirleri ile yaptığı portrelerle bilinen Arcimboldo'nun, benzer şekilde yaptığı çeşitli hayvan tasvirleri de bulunmaktadır (Fotoğraf 37).

Barok Dönem

17. yüzyılda Rönesans resmine bir tepki olarak doğan Barok, kelime anlamı itibariyle, düzensiz inci dizisi demektir (Turani, 1975: 20). Bir yenilik arayışının ürünü olan ve Rönesans resminin düzen anlayışına karşıt olarak ortaya çıkan bu yeni akım, şüphesiz Avrupa'nın genelinde aynı oranda etkili olmamıştır. Bununla birlikte, bu akımın resim sanatına getirdiği çok sayıda yenilikten söz edilebilir. Barok Dönem'in resim sanatına getirdiği yenilikler arasında; natürmortlar, manzara resimleri, iç mekân tasvirleri ve törensel sahne tasvirleri sayılabilir (İpşiroğlu ve İpşiroğlu, 2017: 134). Bu yeniliklerden biri olan natürmortlar, kompozisyonun bir parçası olan meyveleriyle, Batı resmindeki yeme-içme konulu sahneler içerisinde özel bir grubu oluşturmaktadır[44] (Fotoğraf 38, 39).

Barok resmin en önemli örneklerini İspanyol Hollandası'nda[45] görmek mümkündür (Tapie, 2011: 131). Bu dönemde altın ça-

---

44 *Memento Mori* (zamanın geçiciliğini vurgulayan Latince bir tabir) mottosu doğrultusunda dünyanın faniliğini vurgulayan *vanitas*larla da ilişkili olan ve bir bakıma ismini de buradan alan natürmortların (ölü doğa-natüre morte) ilk örnekleri Antik Dönem'e kadar gitmektedir. Bununla birlikte, Roma sonrası süreçte, Katolik düşüncesinin sanatta yönlendirici olması münasebetiyle, neredeyse Rönesans dönemine kadar resim sanatında kullanım alanı bulamamış, 17. yüzyıl Hollanda resim sanatında ise zenginlik ve refahın artmasıyla orantılı olarak yoğun biçimde tercih edilmiştir. Vanitas ve natürmort ilişkisi hakkında ayrıntılı bilgi için bkz. Ebru Gamze Işıksaçan (2018). "Vanitas Natürmortta Temsil ve İmge", *Atlas International Refereed Journal on Social Sciences*, C:4, S: 13, s.1161-1184.

45 Bugünkü Hollanda ve Belçika'nın bulunduğu topraklar, 1568 yılına kadar Kutsal Roma'nın bir uzantısı olan İspanya'nın bir parçasıyken İspanya'ya karşı yürütülen 80 yıl savaşlarının ardından (1568-1648), bu topraklar bağımsızlığını kazanmıştır. Hollanda'nın altın çağı olarak adlandırılan 17. yüzyıl esas itibariyle, Hollanda'nın bağımsızlık sonrası dönemidir. 17. yüzyılda uluslararası bir güç, cazibe ve ticaret merkezi olan Hollanda'da sanat alanında büyük bir atılım yaşanmış ve çok sayıda önemli dönem ressamı yetişmiştir. Sanat hareketlerinin oldukça yoğun olduğu Hollanda'da 17. yüzyılda yılda 110.000 parça kumaş dokunmakta ve 70.000 adet resim yapılmaktaydı (North, 2014: 11).

ğını yaşayan ve pek çok önemli ressam yetiştiren Hollanda'nın[46] en tanınmış Barok Dönem ressamlarının başında Rembrandt Hermensz Van Rijn gelmektedir. Din dışı konuları içeren resimleriyle tanınan Rembrandt'ın hem natürmort hem de realist bir deneme olarak kabul edilebilecek çalışması olan *Sığır* isimli tablosu, sonraki süreçteki ressamları da etkileyecek önemli bir eserdir (Fotoğraf 40). Bu tasvirler dışında Hollanda resimde, bir zenginlik ifadesi olarak *janr*[47] resminin bir çeşidi mahiyetinde yapılmış çok sayıda pazar yeri, eğlence ve davet betimlemeleri de mevcuttur. Bu açıdan özellikle (çok sayıda natürmorta da imza atmış olan) Frans Synders ile Jan Steen, yeme-içme temasını yoğun olarak kullanmış sanatçılar olmaları bakımından ön plana çıkmaktadırlar (Fotoğraf 41, 42).

Barok Dönem'de ortaya çıkan natürmortların değişik şekli bir olan ve daha çok İspanya'da görülen *bodegon*[48] tarzı resimler, yemek kültürü ve resim ilişkisi bakımından oldukça önem taşımaktadır (Fotoğraf 43, 44). İspanya'nın dünya siyasetinde de etkin olduğu dönemdeki bu *bodegon* tarzı resimler, 17. yüzyıl İspanyası'nın toplumsal yapısını ve entelektüel kaygılarını yansıtması bakımından dikkat çekicidir (Moreno, 2013: 13). Özellikle Velazquez'in yaptığı (yeme-içme temalı) resimler[49], İspanyol resmi için bir ilk olma özelliği taşımaktadır (Yetkin, 1968: 56). Sanatçı, özellikle ilk dönemlerinde yeme-içme temalı çok sayıda resim yapmış olsa da daha sonra müşteri kitlesinin değişimine bağlı olarak farklı konulara yönelmiştir (Umberto Arte, 2020: 79). Velazquez dışında, yeme-içme temalı resimler yapan bir diğer İspanyol ressam Esteban Murillo'dur (Fotoğraf 45). İspanyol ressamlar Diego Velazquez ve Esteban Murillo dışında ayrıca Hol-

---

46 Burada Hollanda kelimesi, günümüz siyasi sınırları içerisindeki bir ülkeyi değil, içerisinde kısmen Belçika'nın da yer aldığı 17. yüzyıldaki Netherlands topraklarını tanımlamak için kullanılmıştır.

47 Daha çok Kuzey Avrupa'da görülen gündelik yaşam resimleri.

48 İspanyol resim sanatında görülen mutfak ve yeme-içme ile alakalı mekân tasvirleri.

49 İspanyol Rönesansı ve Bodegon tarzı resimler için ayrıntılı bilgi için bkz. Jordan, B. William (1985). *Spanish Still Life in The Golden Age*, Texas: Kimbell Art Museum Press.

landalı ressam Johannes Vermeer tarafından yapılan pek çok resim de Barok Dönem'in mutfak kültürü hakkında bilgi edinilmesini sağlamaktadır (Fotoğraf 46).

Değerlendirme

Ortaçağ'ın başlangıcından Barok Dönem'in sonuna kadar, Batı resminde yeme-içme faaliyetini konu alan resimlerin, inanç ve sosyo-kültürel hayat olmak üzere iki temel kaynaktan beslendiği görülmektedir. İnanç kaynaklı olarak Katolik düşüncesi ve Antik mitolojiden beslenerek oluşan resimlerin tamamında (dolaylı) sembolik bir anlatım tarzı benimsenmiştir. Bu gruba giren resimlerde esas anlatılmak istenenler, yeme-içme faaliyetinin dışında ve ötesinde hakikatler olduğu için yeme-içme materyallerinin tamamının ya bir metafor olarak (Adem ile Havva'nın elması ya da Kronos'un yediği çocuğu gibi) kullanıldığı ya da hem bir metafor hem de kompozisyonu biçimsel olarak tamamlayan bir unsur olarak (İsa'nın Son Akşam Yemeği'ndeki masası ve menüsü gibi) tercih edildiği söylenebilir.

Kaynağını sosyo-kültürel hayattan alan ve halkla soyluların yaşamlarından kesitler sunan betimlemeler de ise realist bir üslubun egemenliği söz konusudur. Buna bağlı olarak da sosyo-kültürel hayattan beslenerek yapılmış resimlerin tamamına yakınında, inanç kaynaklı olan resimlerin aksine, doğrudan bir anlatım tarzı benimsenmiş olup (gastronomik açıdan) herhangi bir metafor kullanımına neredeyse hiç rastlanılmamaktadır. Özelikle, Rönesans ressamı olan Pieter Bruegel'in çalışmalarıyla, Barok Dönem Hollanda ve İspanyası'ndaki bir grup *janr* ve *bodegon* tarzı resimler, bunlara güzel bir örnektir. Ayrıca; Barok Dönem Hollanda resminde yoğun olarak görülen natürmortlar, vanitas-natürmort ilişkisi paralelinde hayatın geçiciliğine vurgu yapmaları dolayısıyla (çalışmalar her ne kadar sosyal hayatla ilişkili olsa da), yeme-içme temasının resim sanatındaki sembolik kullanımı bakımından önemli bir grubu oluşturmaktadır[50].

Tüm bu değerlendirme ve tasniflere ilave, döneme ilişkin resim geleneği ile yine dönemin eğitim sistemi arasında bir bağlantının olduğunu da vurgulamak gerekmektedir. İster tek tanrılı ister çok tanrılı dinlere ait olsun, kutsal metinlerin tekrar üzerine kurulu bir anlatım ve öğretim şekli vardır. Özellikle dini eğitimin tekrar üzerinde kurulu olduğu düşünüldüğünde, resimlerde dini içerikli konuların sıkça tercih edilmesi ile sanat arasında, dini eğitimin *tekrar ilkesi*ne bağlı paralel bir ilişkinin olduğu söylenebilir.

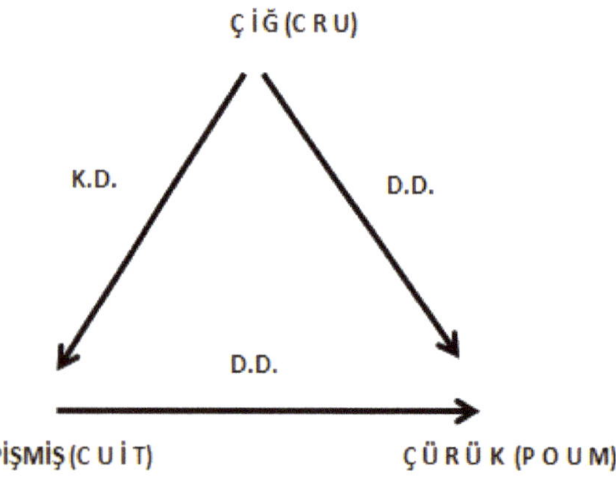

Şekil 1. Kültür ve Pişirme İlişkisi (Claude Levi-Strauss'tan)

---

50 Cem Başeskioğlu, yemek yemenin sinematografik açıdan (vanitas-natürmort ilişkisi paralelinde) ölümle alakalı olduğunu belirtmektedir. Bu durum, gastronomi ve sanat ilişkisinin sinemaya tesirleri sadedinde önemli bir tespit olarak dikkat çekicidir. Cem Başeskioğlu ile Film Okumaları. 11.04.2020.

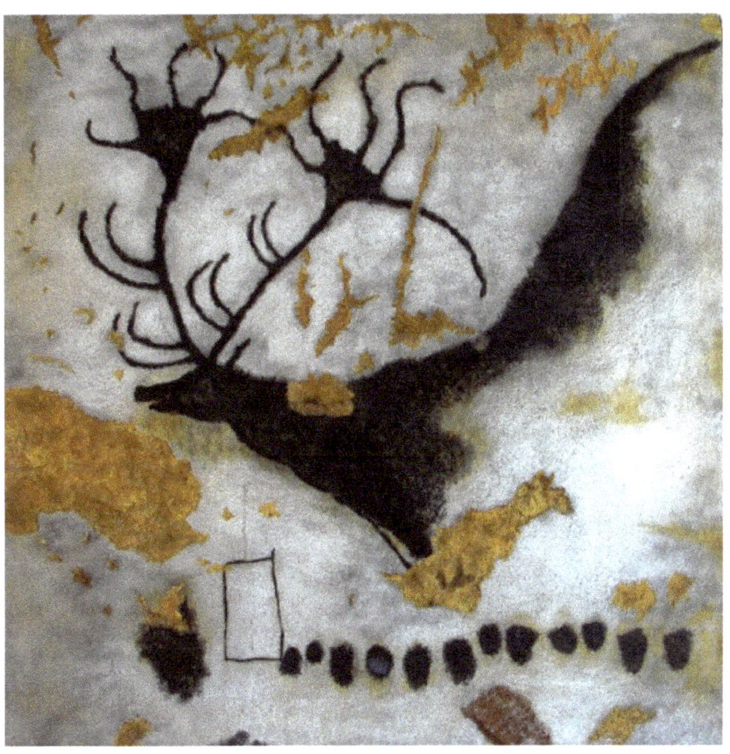

Fotoğraf 1: Lascaux Mağarası, Geyik Tasviri, MÖ 15.000, Dordogne/ Fransa, (https://en.wikipedia.org/), Erişim Tarihi: 05.05.2019.

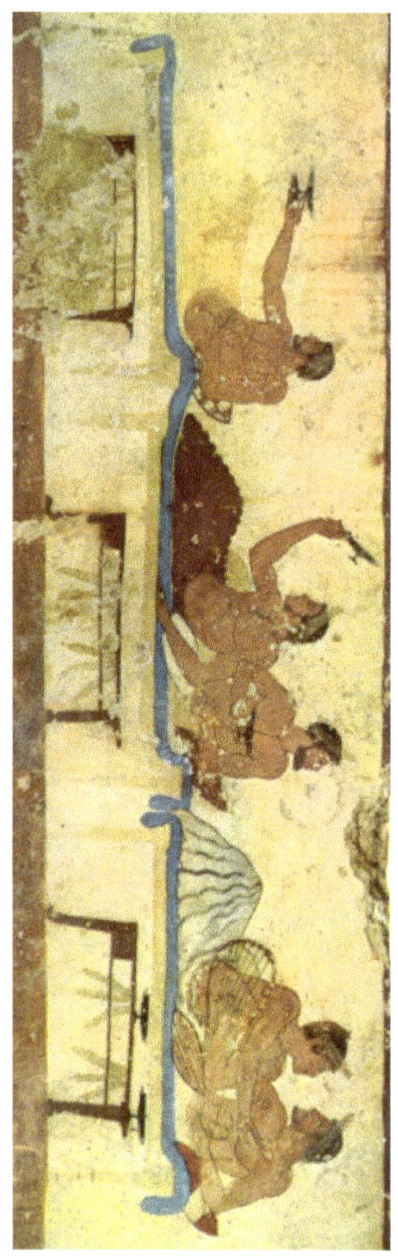

Fotoğraf 2: Anonim, Kottabos Oynayanlar, MÖ 475, Fresk, Paestum
Müzesi/Salerno (https://commons.wikimedia.org/),
Erişim Tarihi: 05.05.2019.

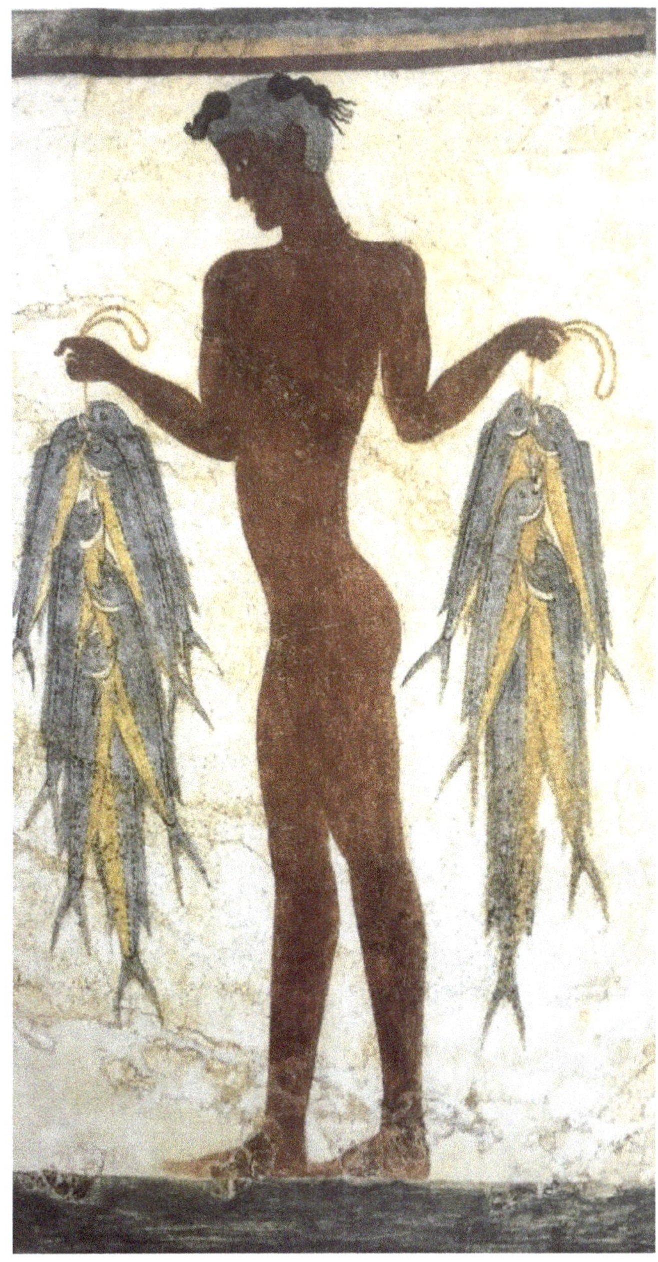

Fotoğraf 3: Anonim, Yaldızlı Uskumru Yakalamış Bir Balıkçı, MÖ 1530-1500, Fresk, Akrotiri Batı Evi/Santorini, (Andrew Dalby ve Sally Grainger'den).

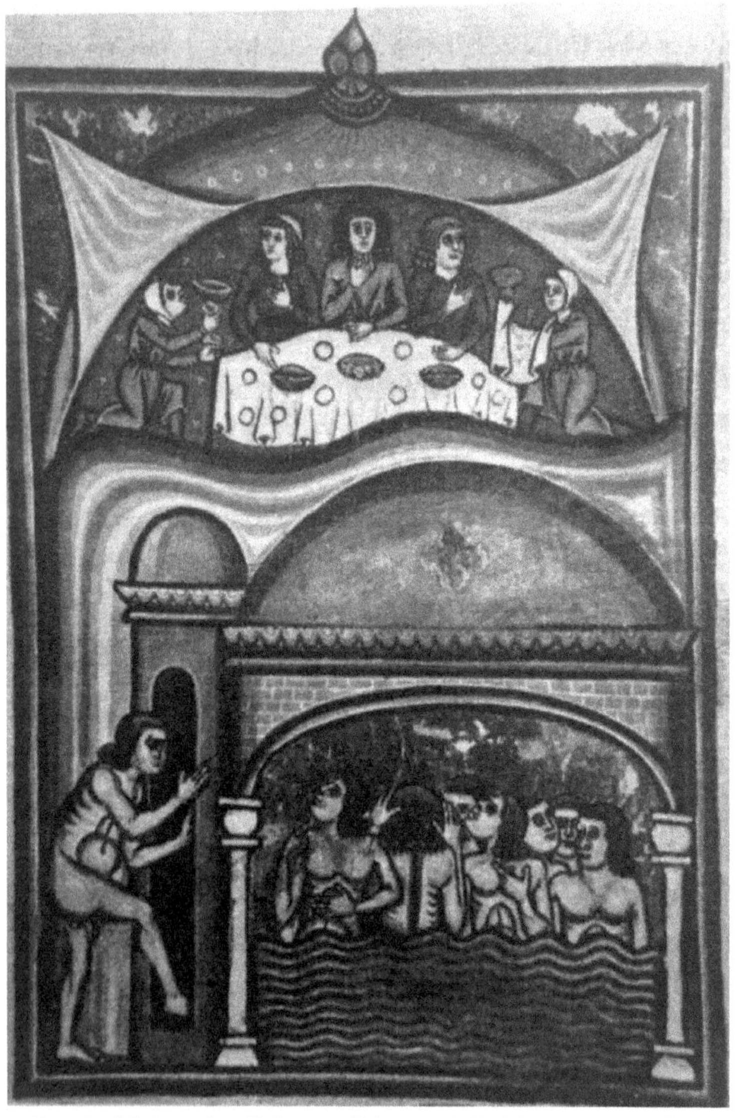

Fotoğraf 4. Anonim, Balneum Calatura, 1474, Minyatür, Angelica Kütüphanesi/Roma, (Fikret Yegül'den).

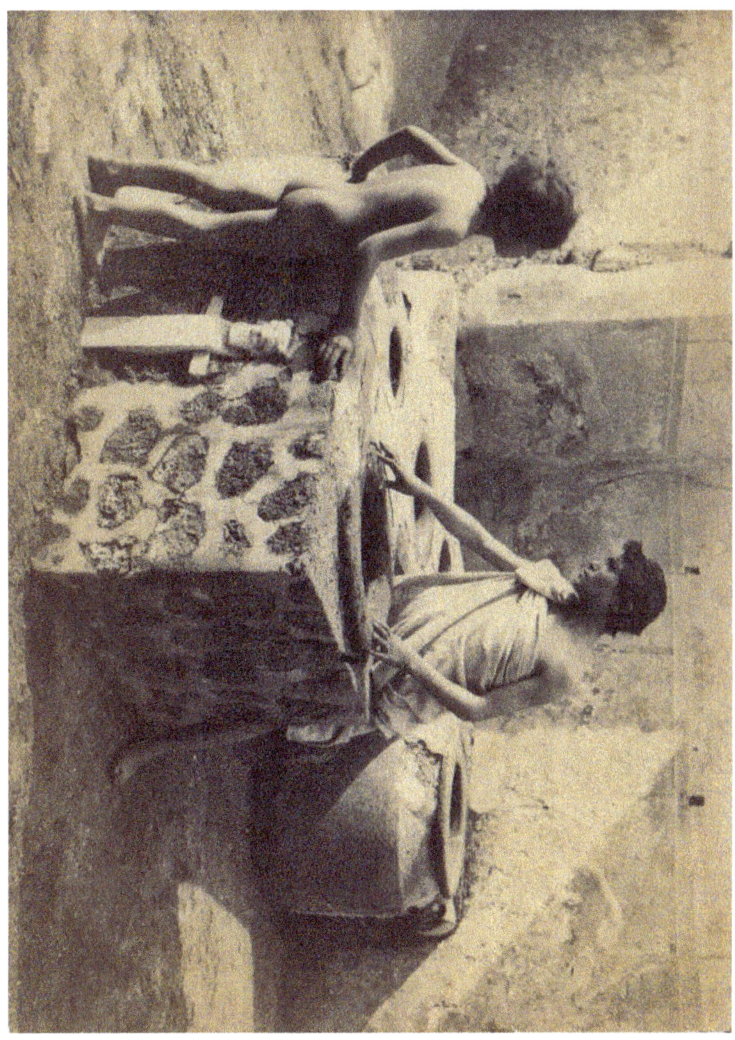

Fotoğraf 5: Wilhelm von Plueschow, Pompei Thermopolium'u, 1880, Fotoğraf, Özel Koleksiyon, (https://commons.wikimedia.org/), Erişim Tarihi: 05.05.2019.

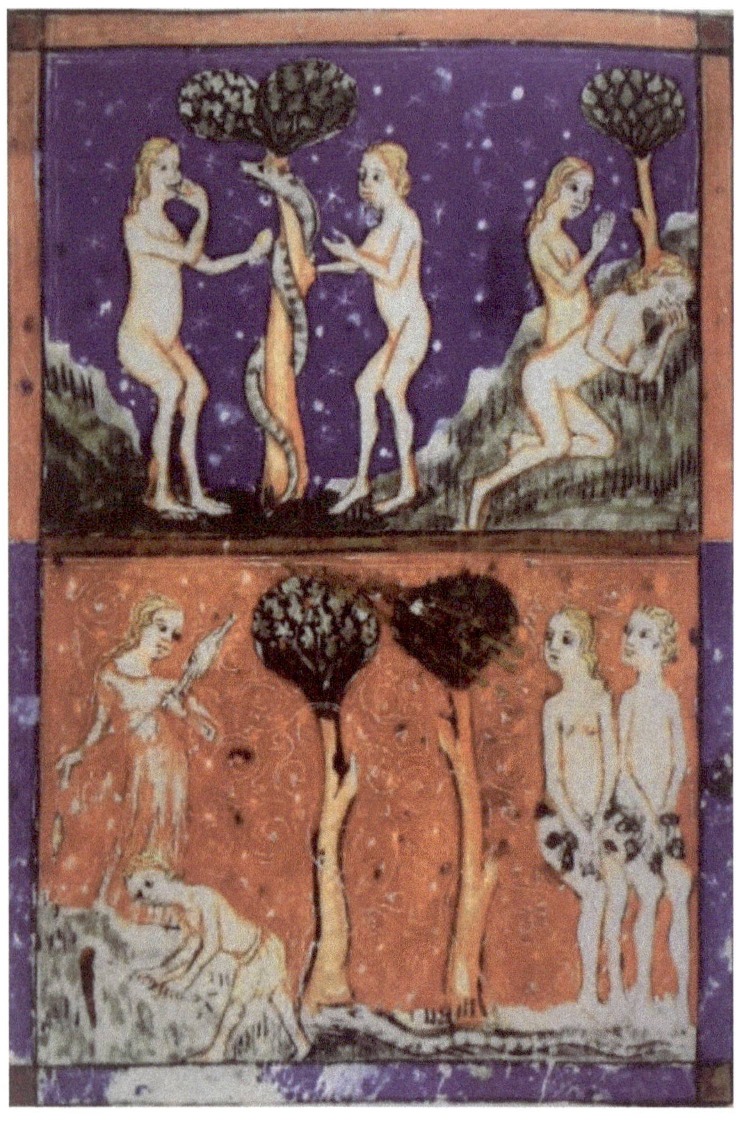

Fotoğraf 6: Anonim, Adem ile Havva Sahnesi, 1350, El Yazması,
Bosna Hersek Ulusal Müzesi/Saraybosna, (Mineke Schipper'den).

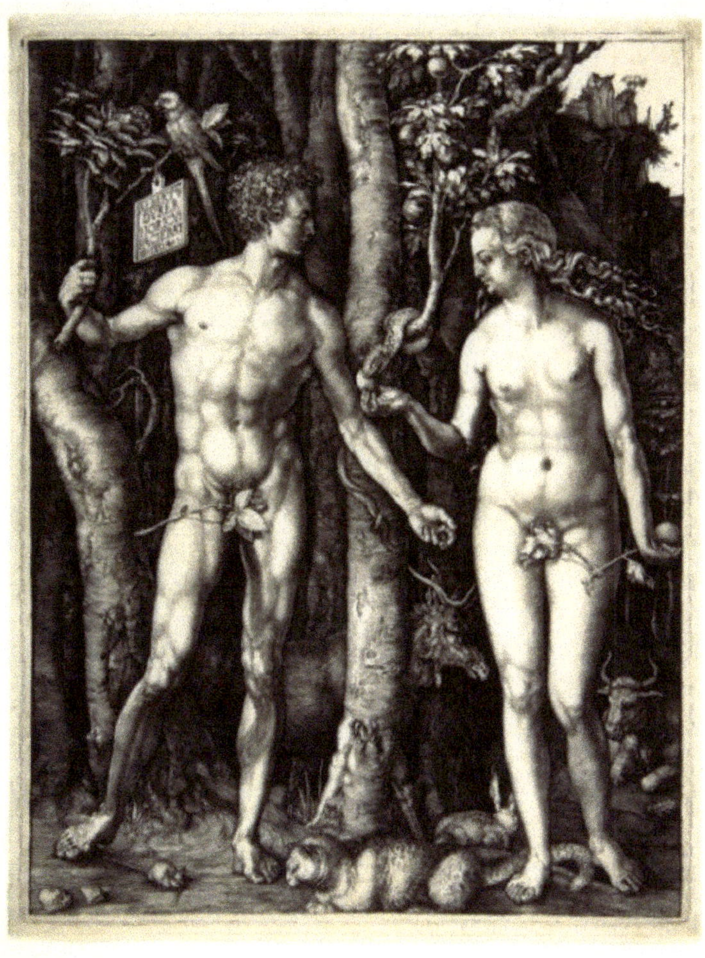

Fotoğraf 7: Albert Dürer, Adem İle Havva, 1504, Gravür, Metropolitan
Sanat Müzesi/New York, (www.metmuseum.org),
Erişim Tarihi: 01.03.2020.

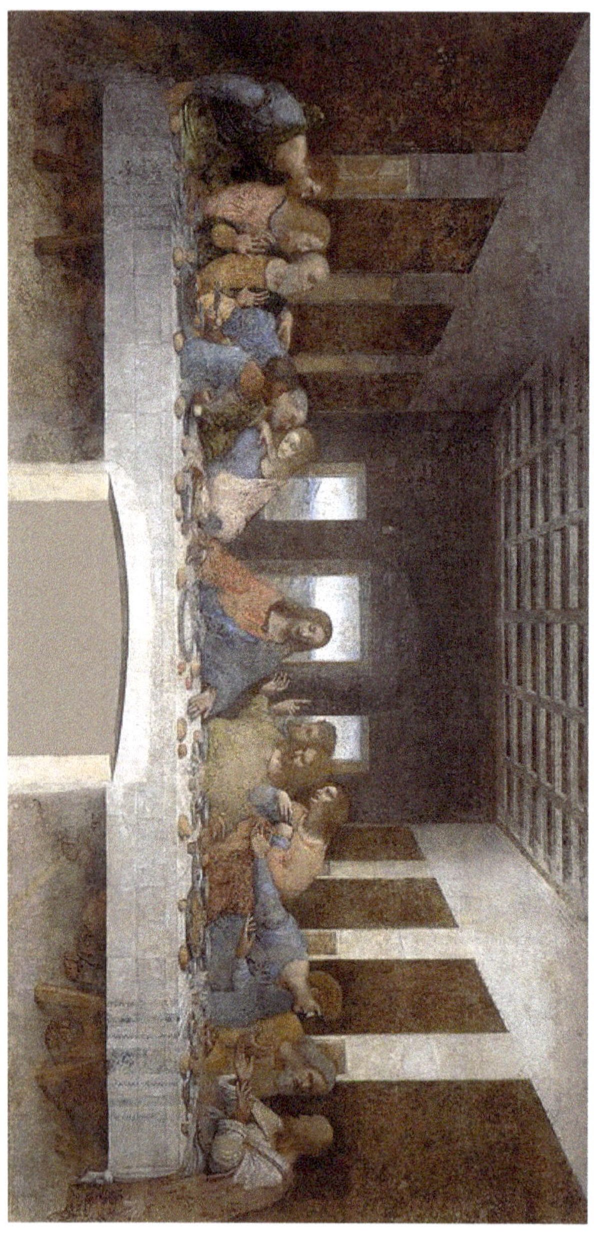

Fotoğraf 8: Leonardo Da Vinci, Son Akşam Yemeği, 15. Yüzyıl, Fresk, Santa Maria della Grazie Manastırı/Milano, (https://en.wikipedia.org/), Erişim Tarihi: 01.03.2019.

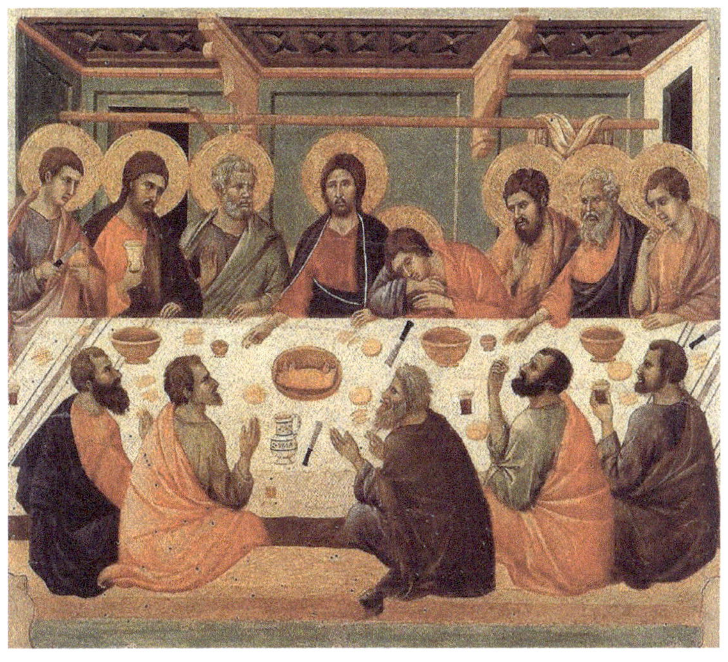

Fotoğraf 9: Ducciodi Buoninsegna, Son Akşam Yemeği, 1308-1311, Ahşap Üzerine Tempera, Opera della Metropolitan Müzesi/ Siena, (https://en.wikipedia.org/), Erişim Tarihi: 01.05.2020.

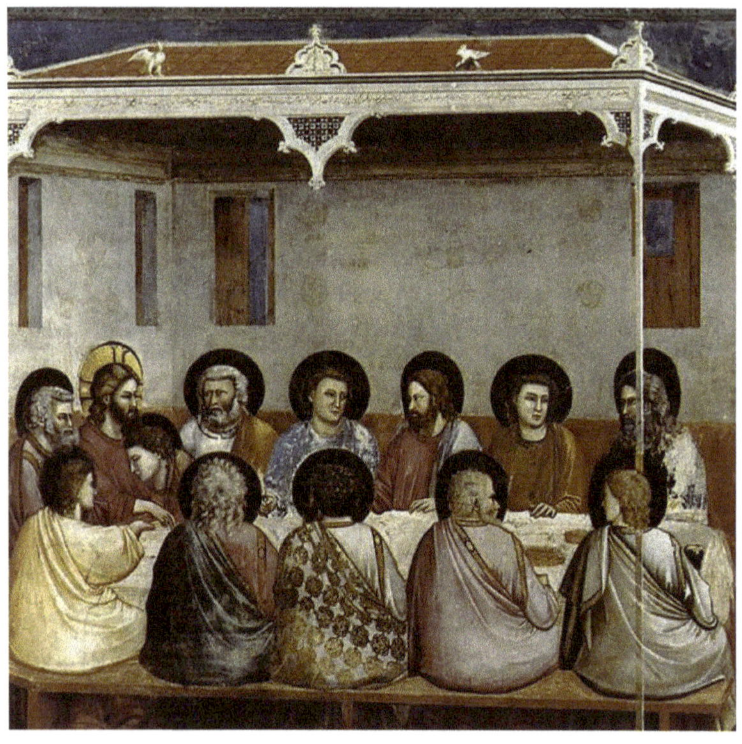

Fotoğraf 10: Giotto di Bondone, Son Akşam Yemeği, 1304-1306, Fresk,
Scrovegni Şapeli/Padua, (https://en.wikipedia.org/),
Erişim Tarihi: 01.03.2017.

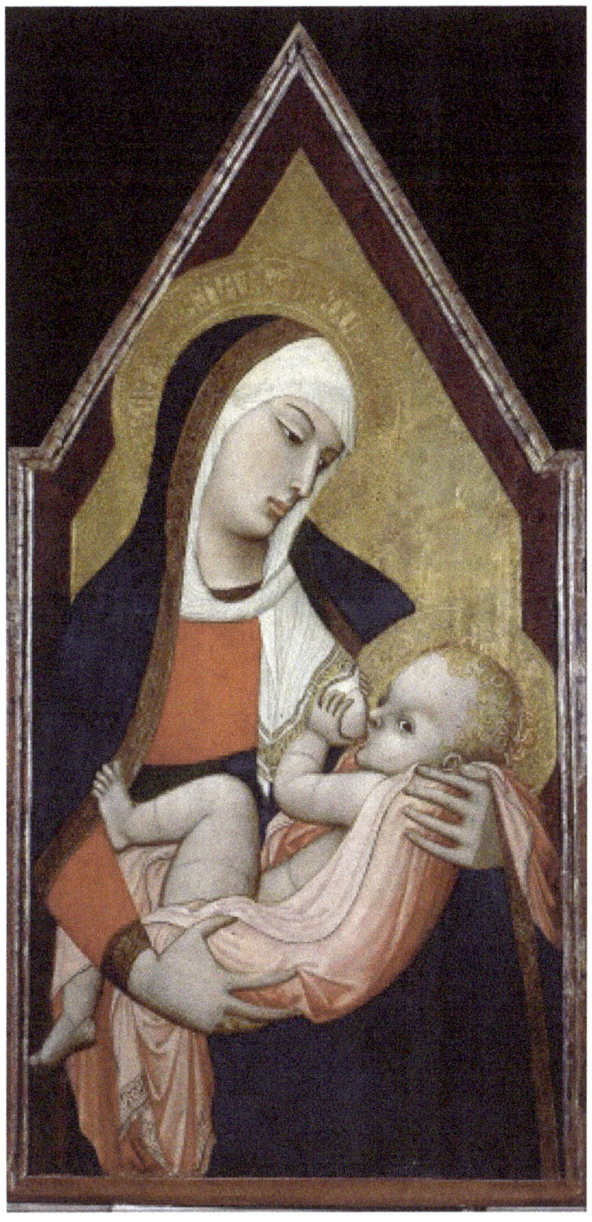

Fotoğraf 11: Ambrogio Lorenzetti, Madonna, 1325-1348, Ahşap Üzerine Tempera, Fondazione Müzesi/Siena, (https://commons. wikimedia.org/), Erişim Tarihi: 01.03.2018.

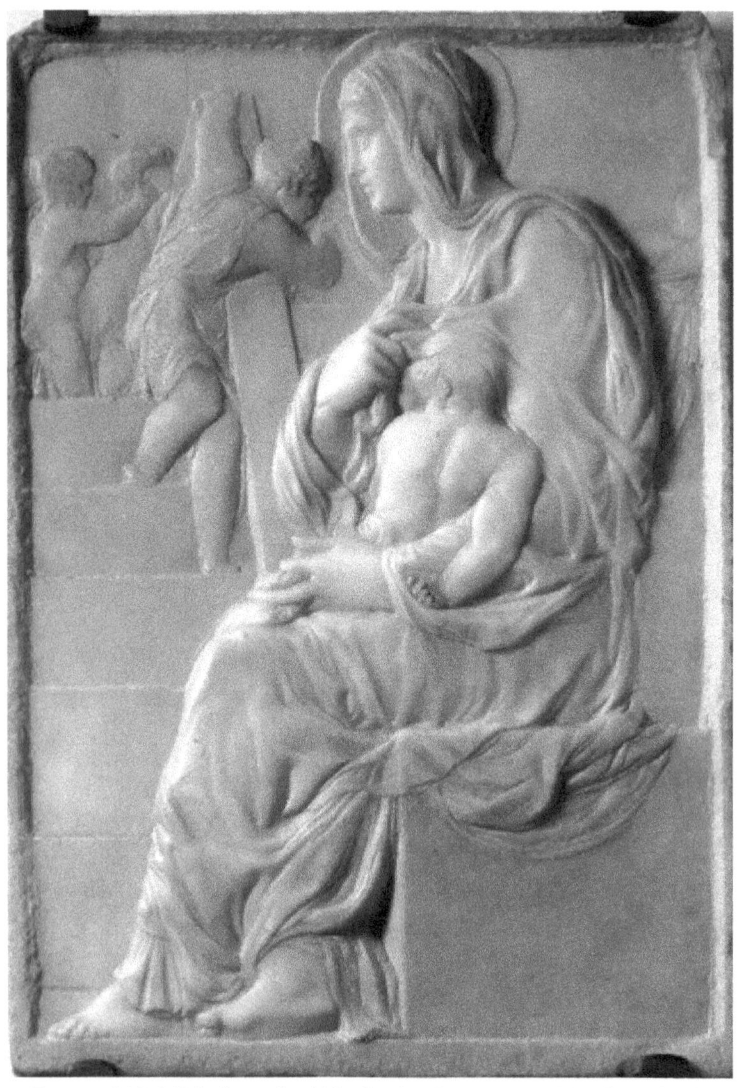

Fotoğraf 12: Michelangelo di Lodovico Buonarroti, Merdivenlerde
Madonna, 1490, Mermer Kabartma, Buonarroti Evi/Floransa,
(https://en.wikipedia.org/), Erişim Tarihi: 11.05.2020.

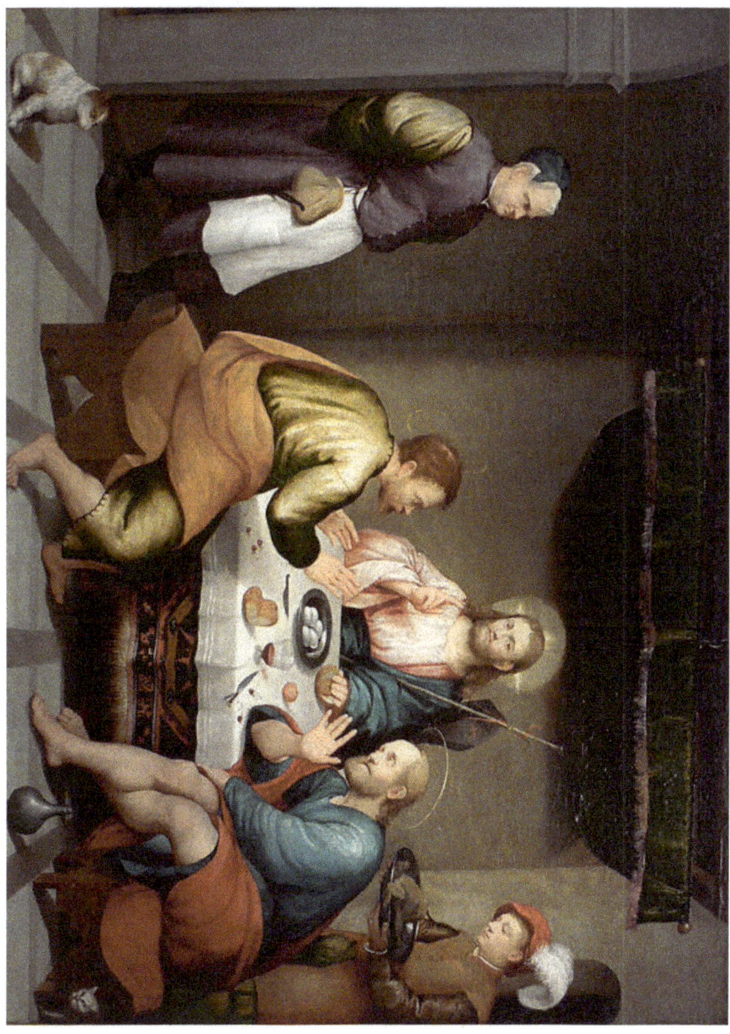

Fotoğraf 13: Jacopo Bassano, Emmaus'ta Yemek, 1510-92, Tuval
Üzerine Yağlıboya, Kimbell Sanat Müzesi/Teksas,
(Wmpearl, https://commons.wikimedia.org/),
Erişim Tarihi: 21.04.2020.

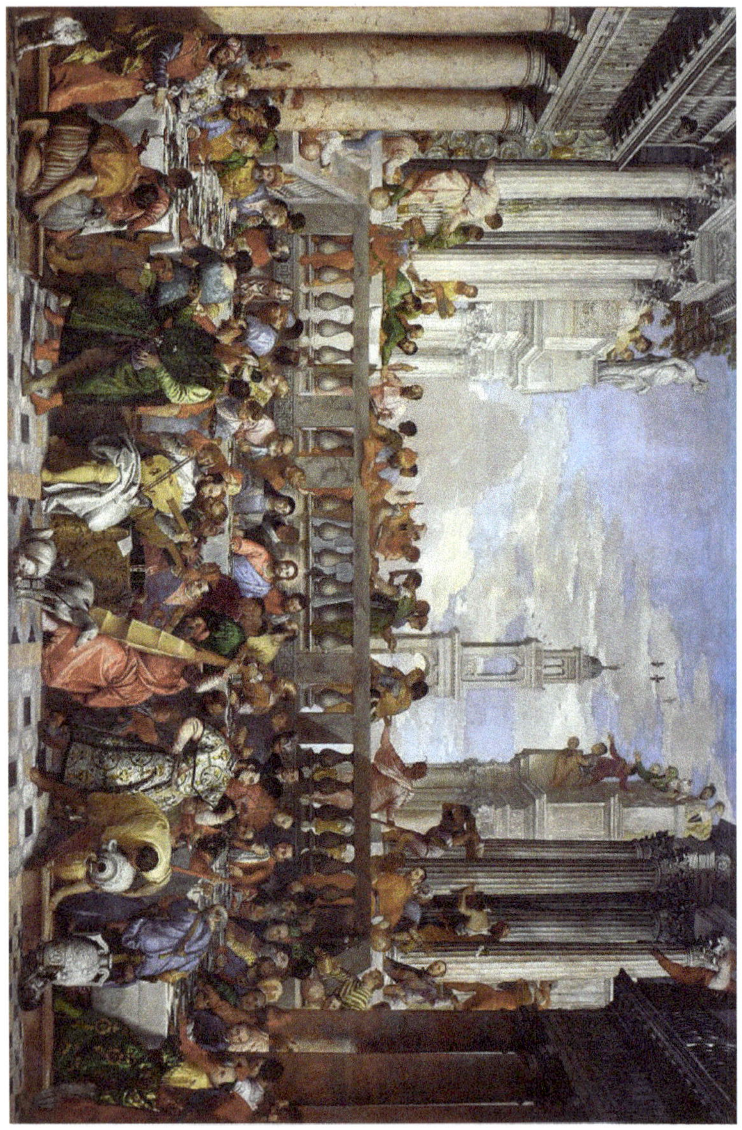

Fotoğraf 14: Paolo Veronese, Kana Düğünü, 1562-1563, Tuval Üzerine Yağlıboya, Louvre Müzesi/Paris, (https://nl.wikipedia.org/), Erişim Tarihi: 11.05.2020.

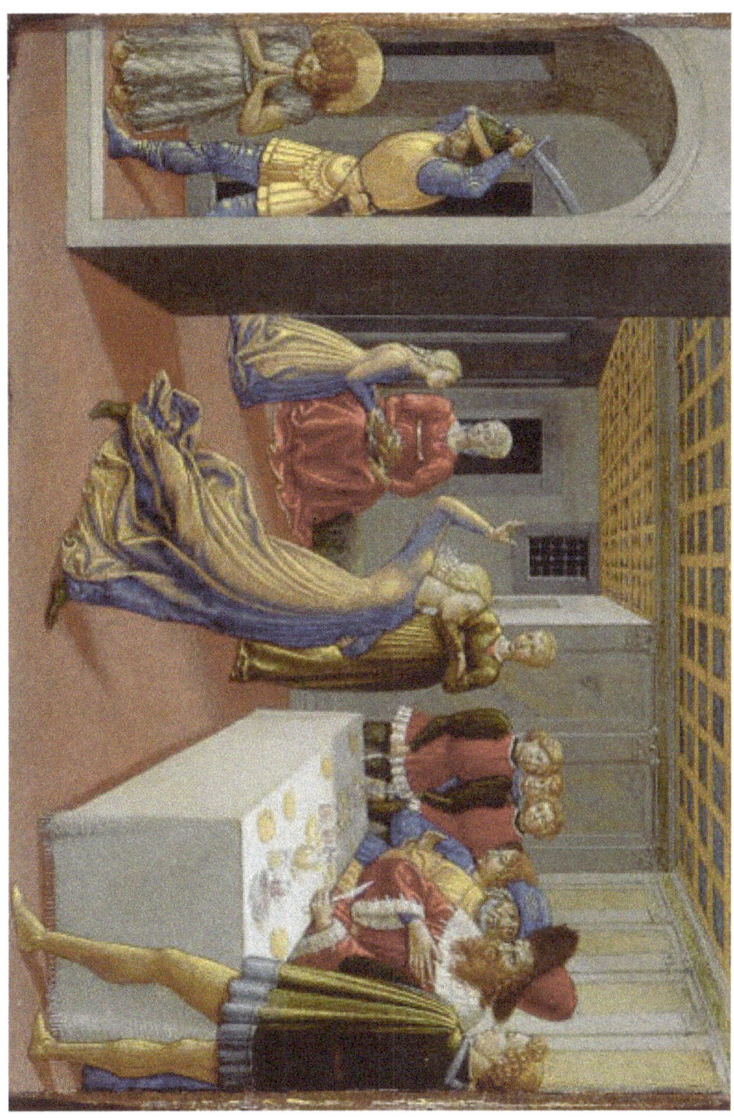

Fotoğraf 15: Benozzo Gozzoli, Herodes'in Ziyafeti, 1461-62, Ahşap Üzerine Yağlıboya, Ulusal Sanat Galerisi/Washington DC, (Kozma János, https://commons.wikimedia.org/), Erişim Tarihi: 01.05.2020.

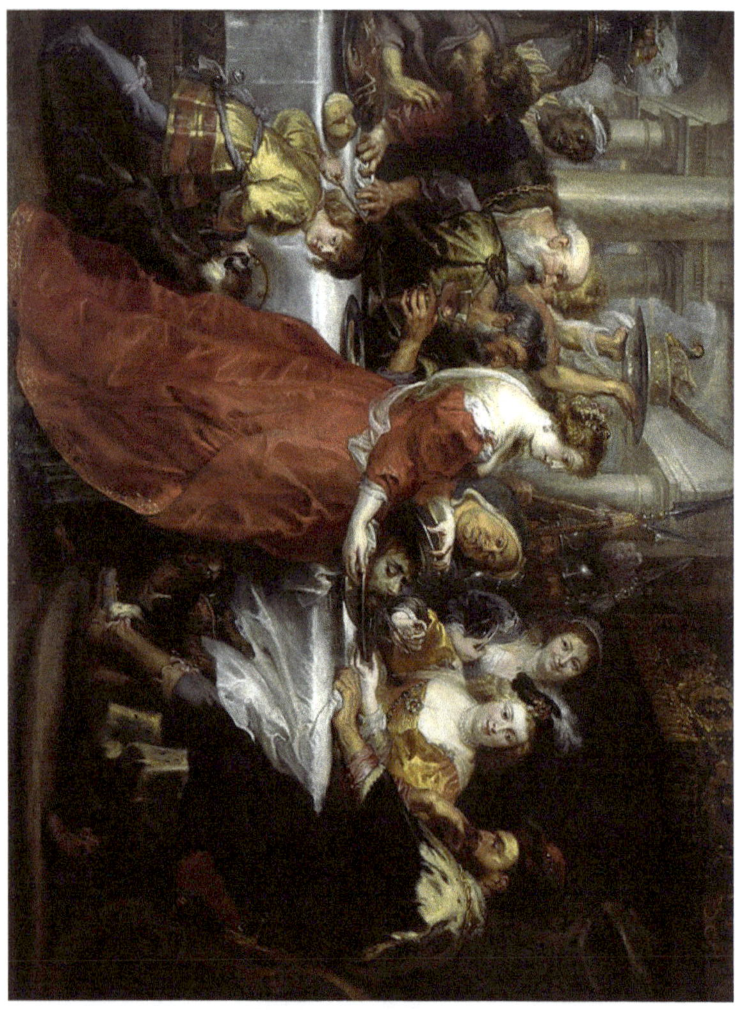

Fotoğraf 16: Pieter P. Rubens, Herod'un Ziyafeti, 17. Yüzyıl, Tuval Üzerine Yağlıboya, İskoçya Milli Galerisi/ Edinburgh, (https:// commons.wikimedia.org/), Erişim Tarihi: 01.03.2019.

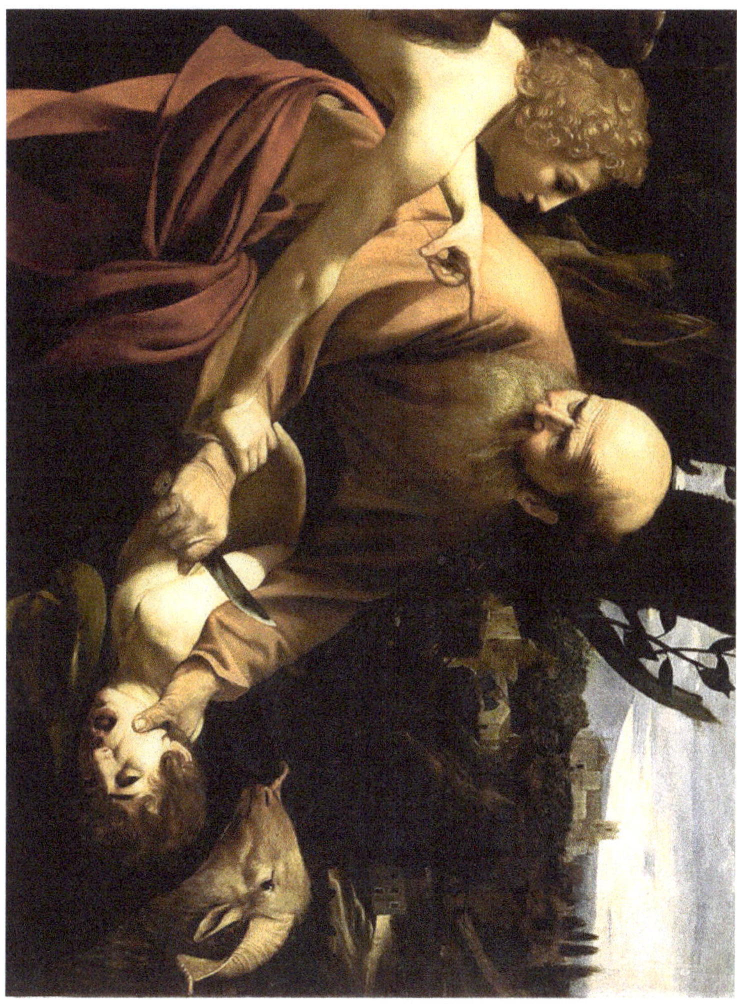

Fotoğraf 17: Michelangelo M. Caravaggio, İbrahim'in İshak'ı Kurbanı, 1603, Tuval Üzerine Yağlıboya, Uffuzi Galeri/Floransa, (https://en.wikipedia.org/), Erişim Tarihi: 01.03.2017.

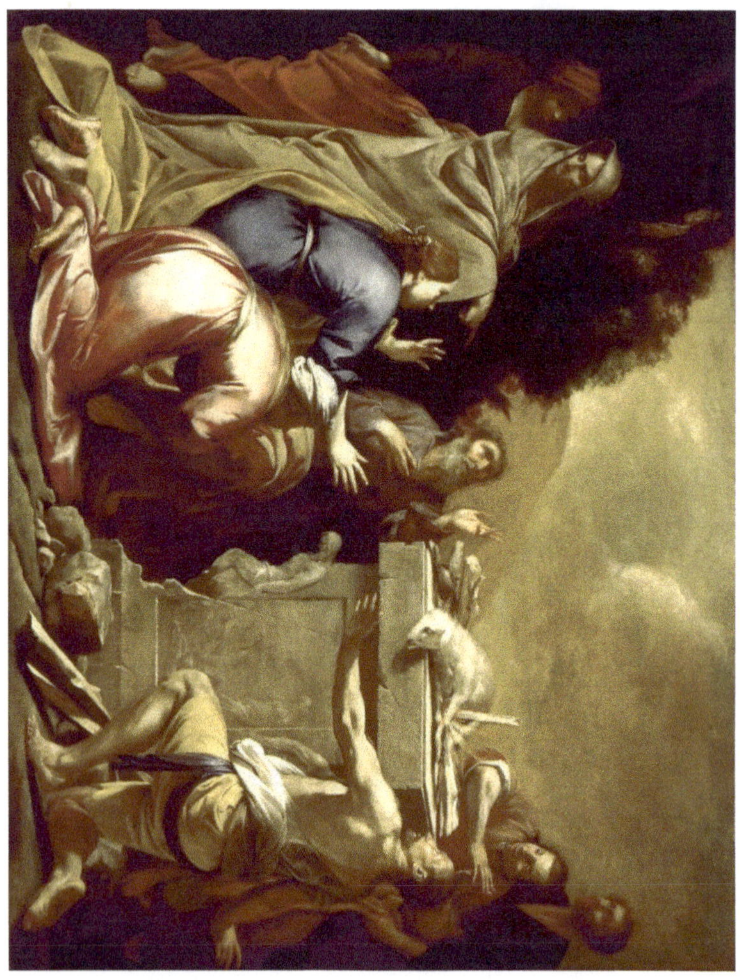

Fotoğraf 18: Antonio de Bellis, Nuh'un Kurbanı, 1640-1655, Tuval
Üzerine Yağlıboya, Güzel Sanatlar Müzesi/Houston,
(https://commons.wikimedia.org/), Erişim Tarihi: 03.10.2019.

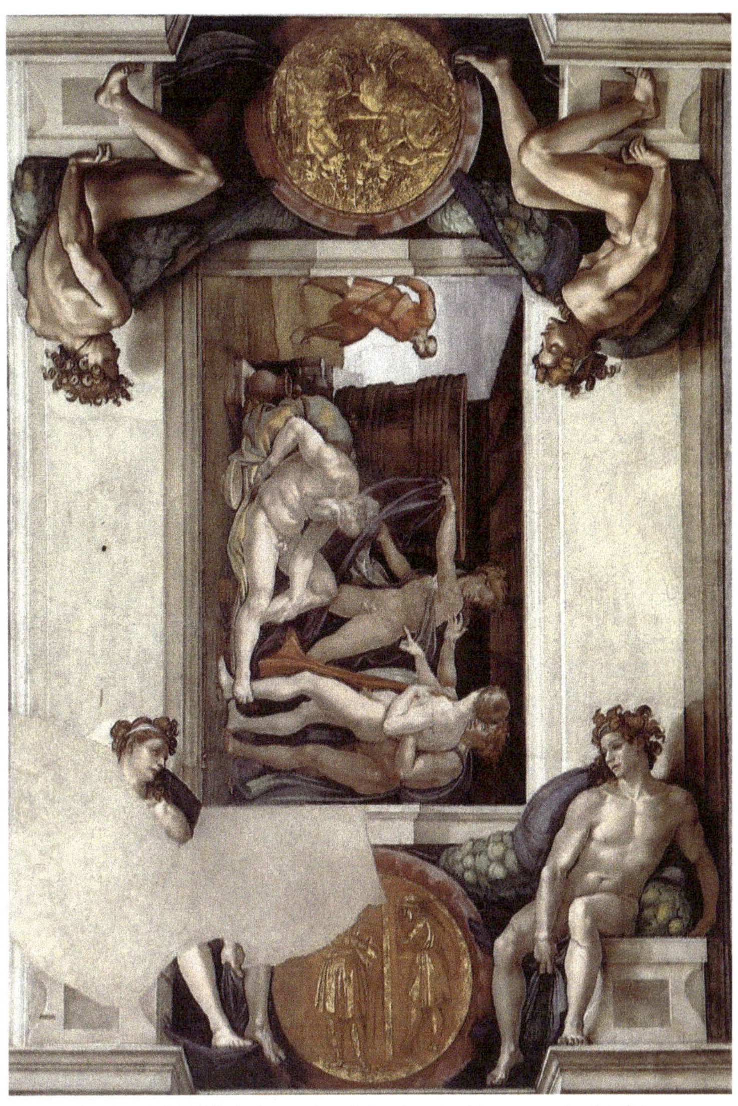

Fotoğraf 19: Michelangelo di Lodovico Buonarroti, Nuh'un
Sarhoşluğu, 1509, Fresk, Sistina Şapeli/Roma
(https://en.wikipedia.org/,. Erişim Tarihi: 01.03.2020.

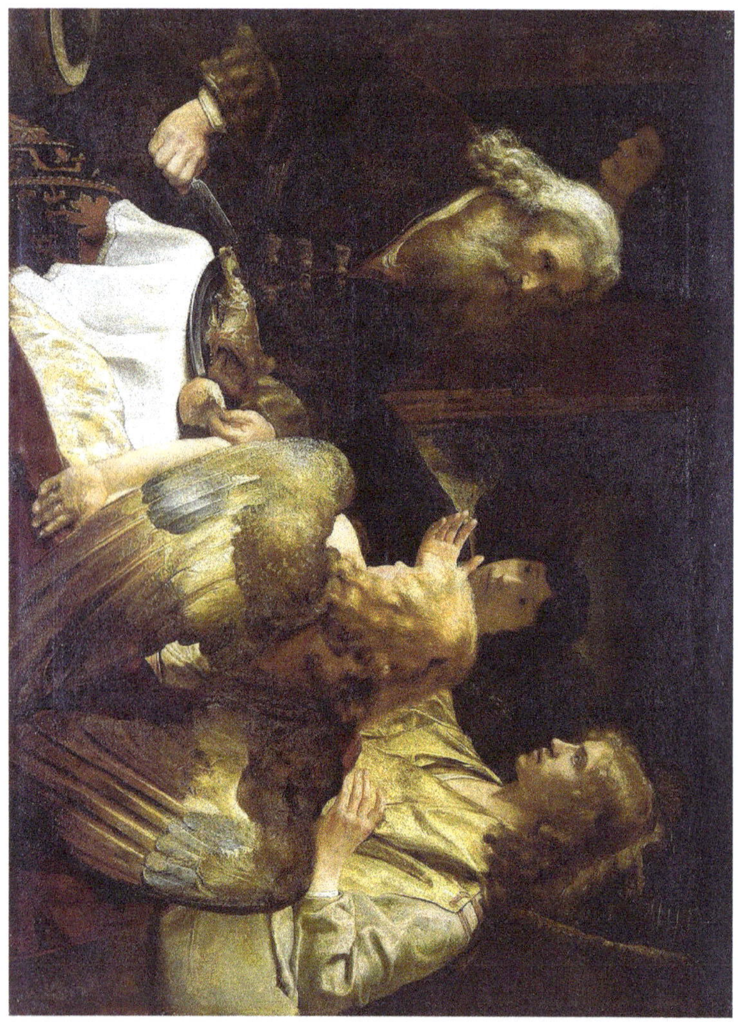

Fotoğraf 20: Jan Victors, İbrahim'i Üç Meleğin Ziyareti, 1640, Tuval
Üzerine Yağlıboya, Hermitaj Müzesi/St. Petersburg,
(https://commons.wikimedia.org/), Erişim Tarihi: 01.03.2017.

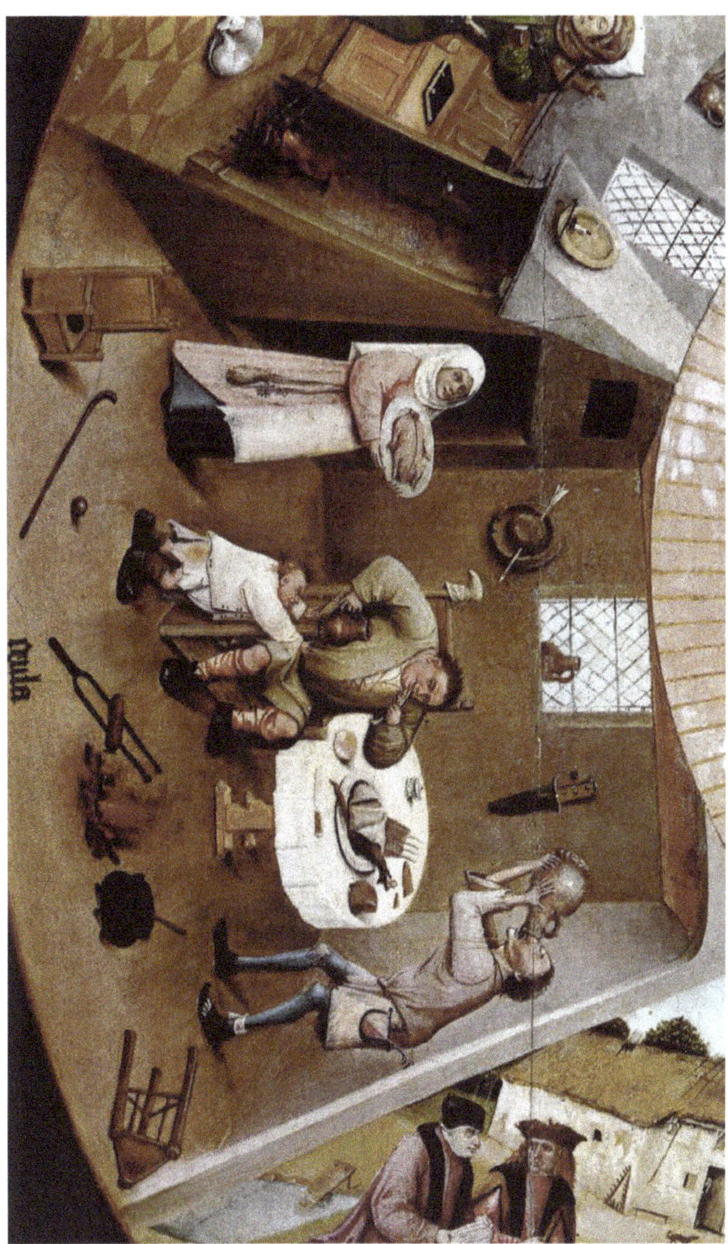

Fotoğraf 21: Hieronymus Bosch, Yedi Günah (Oburluk Detay), Ahşap
Üzerine Yağlıboya, 1500-1525, Prado Müzesi/Madrid,
(https://commons.wikimedia.org/), Erişim Tarihi: 01.03.2017.

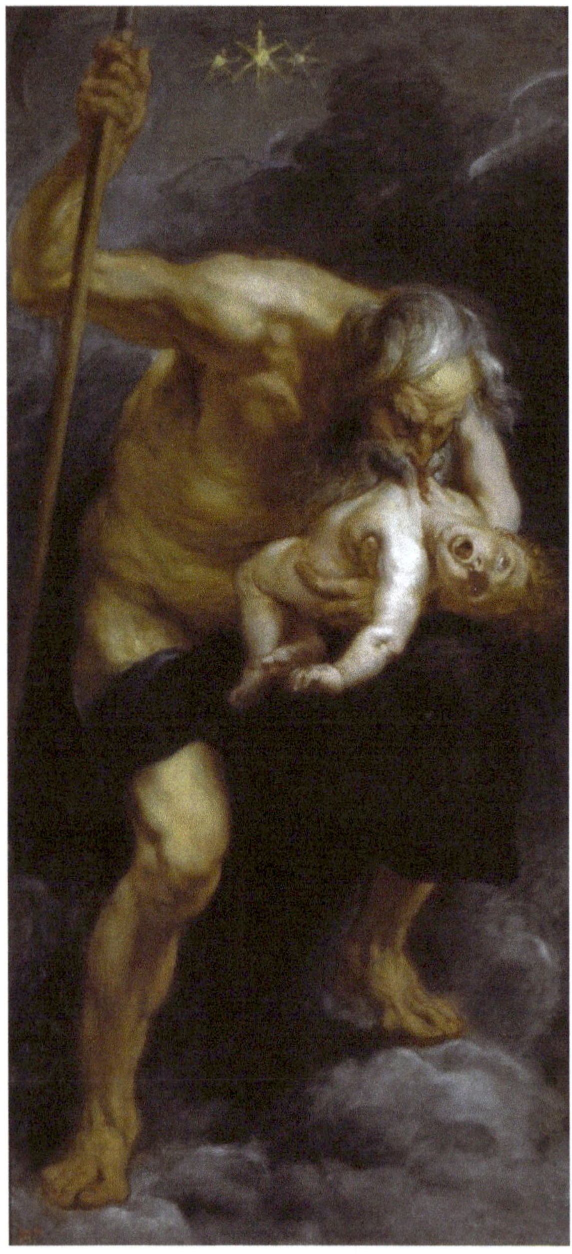

Fotoğraf 22: Pieter P. Rubens, Oğlunu Yiyen Satürn, Tuval Üzerine Yağlıboya, 1636-1638, Prado Müzesi/Madrid, (https://commons. wikimedia.org/), Erişim Tarihi: 03.08.2019.

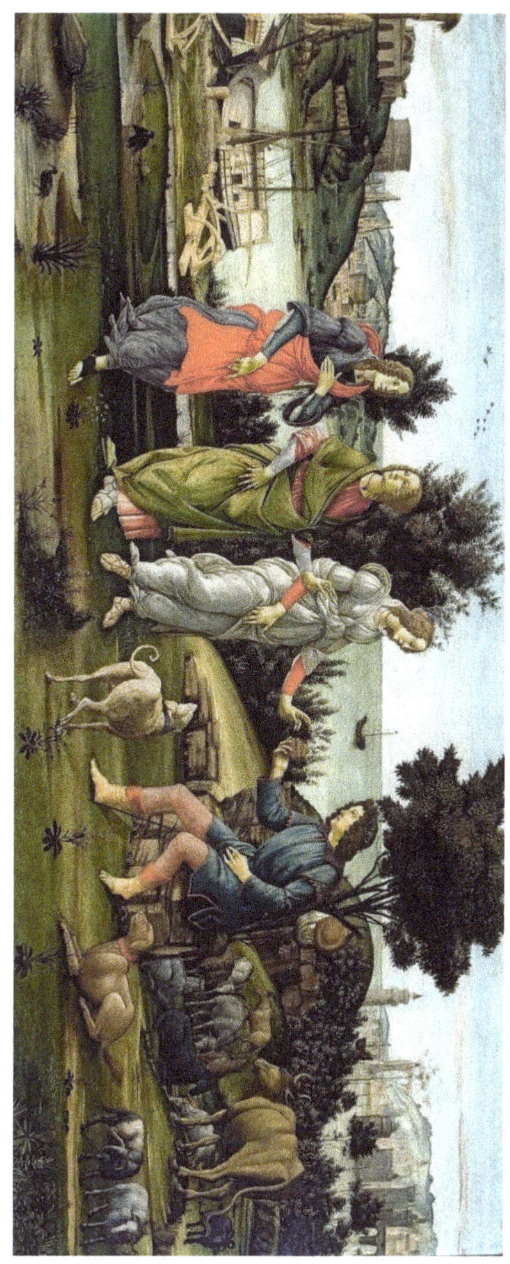

Fotoğraf 23: Sandro Boticelli, Paris'in Yargısı, Ahşap Üzerine Tempera, 1483-1485, Giorgio Cini Vakfı/Venedik, (https://commons.wikimedia.org/), Erişim Tarihi: 01.03.2019.

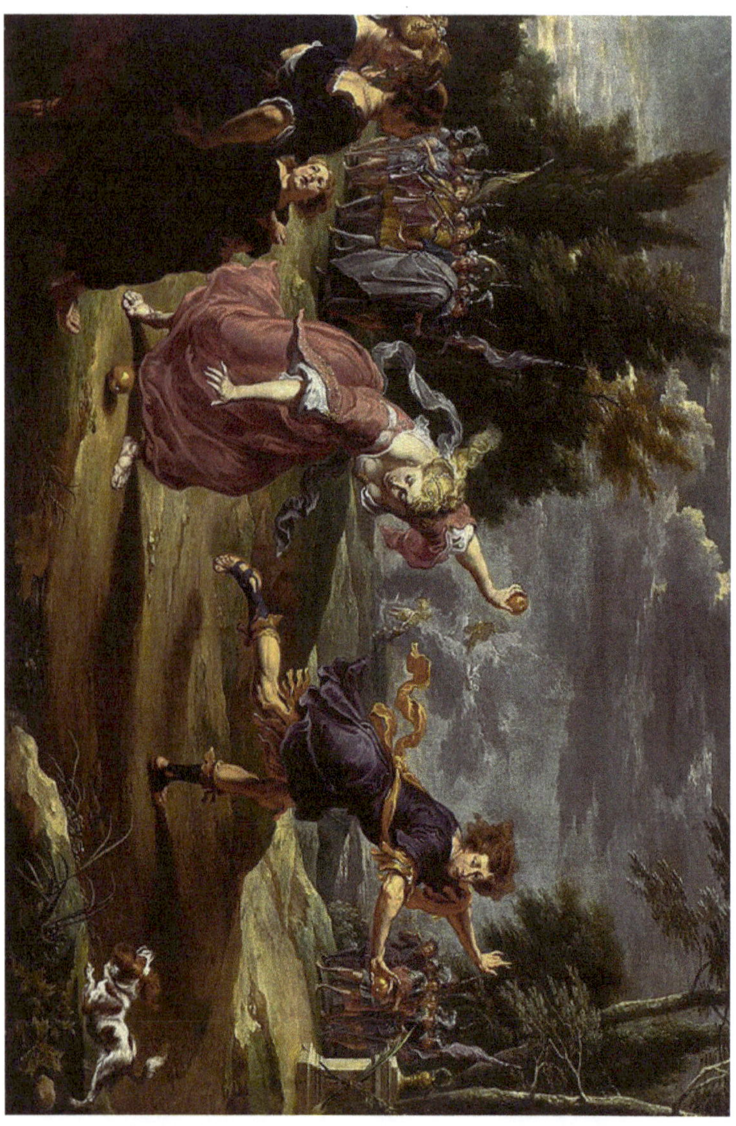

Fotoğraf 24: Willem van Herp, Atalante ve Hippomenes, Tuval Üzerine Yağlıboya, 1614-1677, Ulusal Müze/ Varşova, (http://cyfrowe. mnw.art.pl/), Erişim Tarihi: 24.05.2020.

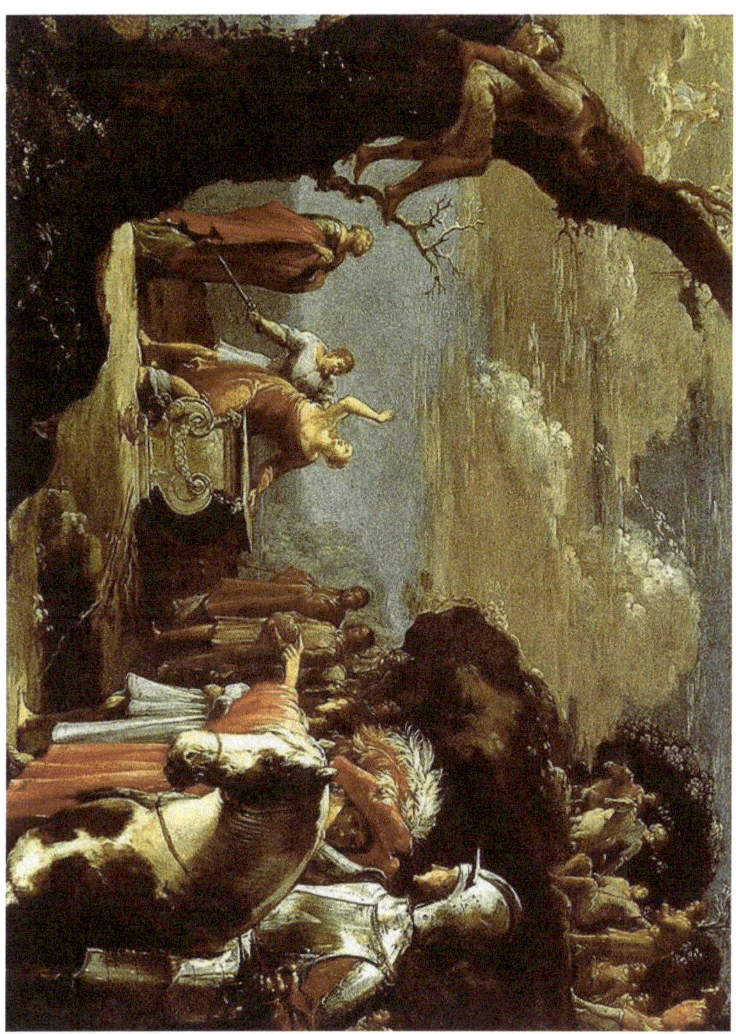

Fotoğraf 25: Leonaert Bramer, İphegeneia'nın Kurbanı, 1623, Bakır Üzerine Yağlıboya, Het Prinsenhof Müzesi, (https://commons. wikimedia.org/), Erişim Tarihi: 20.04.2020.

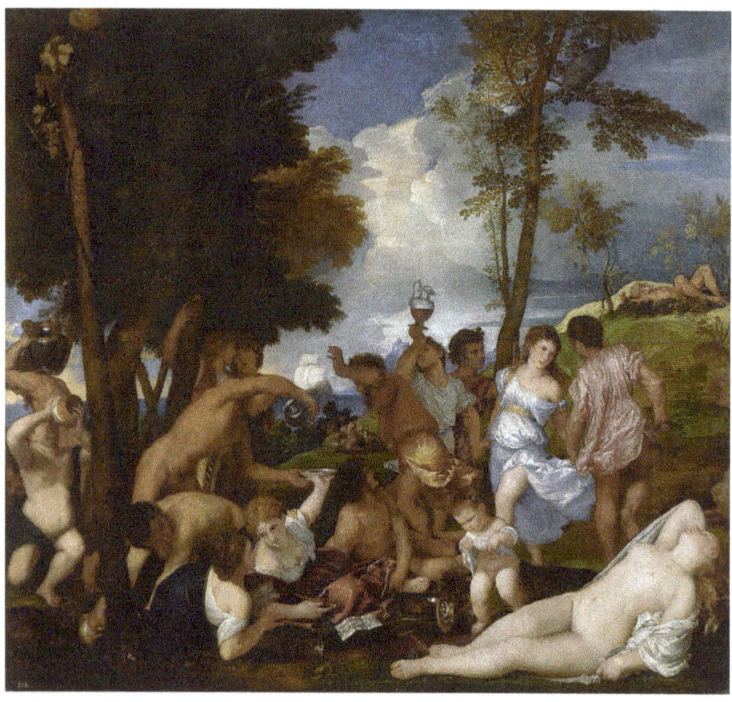

Fotoğraf 26: Titian (Tiziano Vecellio), Baküs ve Adriana, 1523-1526, Tuval Üzerine Yağlıboya, Prado Müzesi/Madrid, (https://commons. wikimedia.org/), Erişim Tarihi: 01.04.2020.

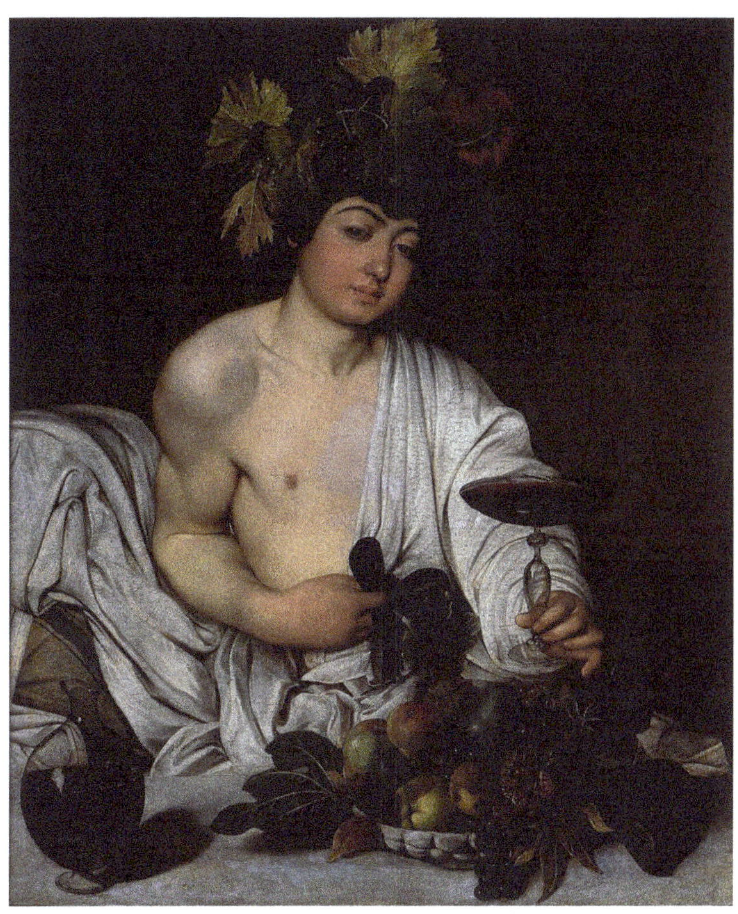

Fotoğraf 27: Michelangelo M. Caravaggio, Baküs, 1598, Tuval Üzerine Yağlıboya, Uffuzi Galerisi/Floransa, (https://commons.wikimedia.org/), Erişim Tarihi: 01.03.2017.

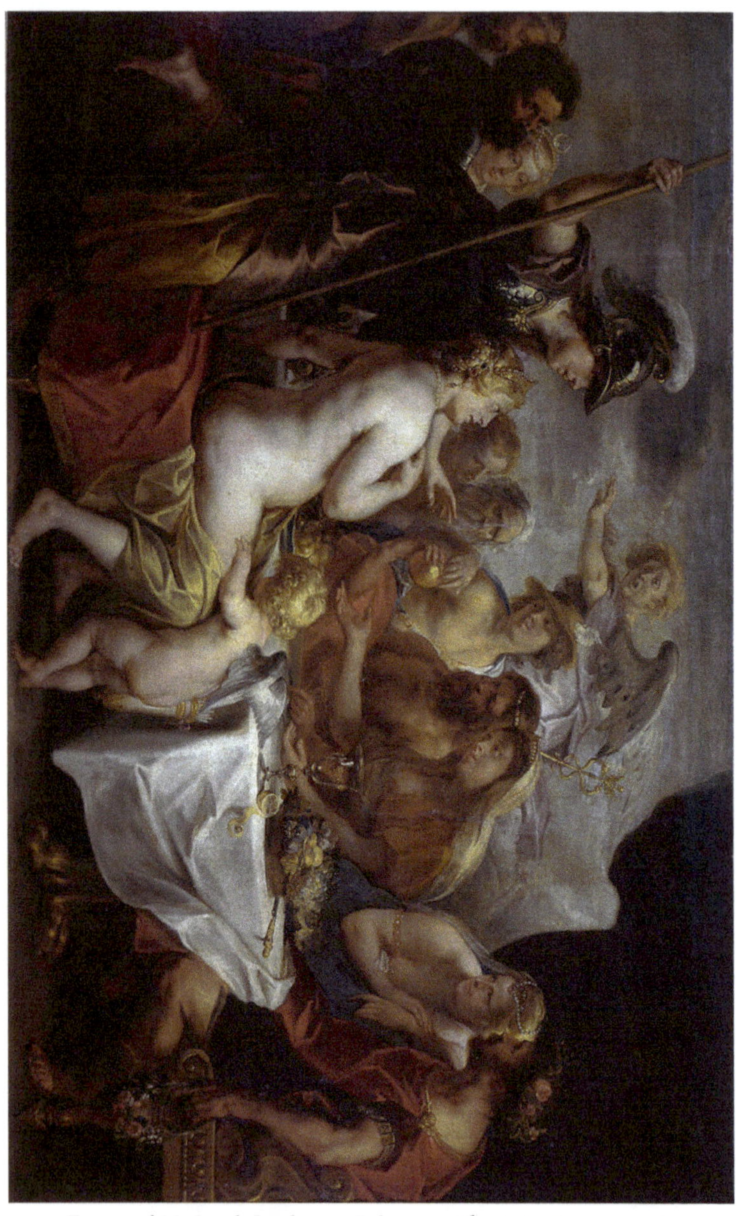

Fotoğraf 28: Jacob Jordaens, Peleus ve Thetis'in Düğününde Discord'un Altın Elmaları, 1633, Tuval Üzerine Yağlıboya, Prado Müzesi/Madrid, (https://commons.wikimedia.org/), Erişim Tarihi: 24.03.2019.

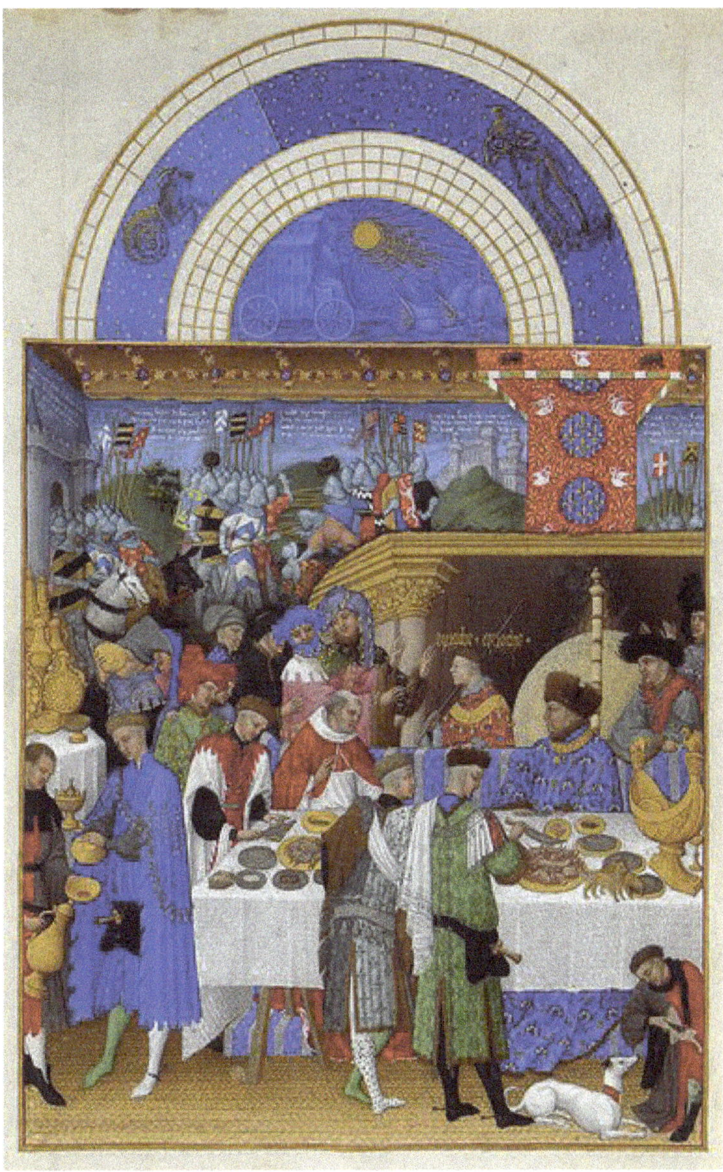

Fotoğraf 29: Limbourg Kardeşler, Mevsimler Kitabı, 15. Yüzyıl, Minyatür, Condé Müzesi/Paris, (https://en.wikipedia.org/), Erişim Tarihi: 01.03.2020.

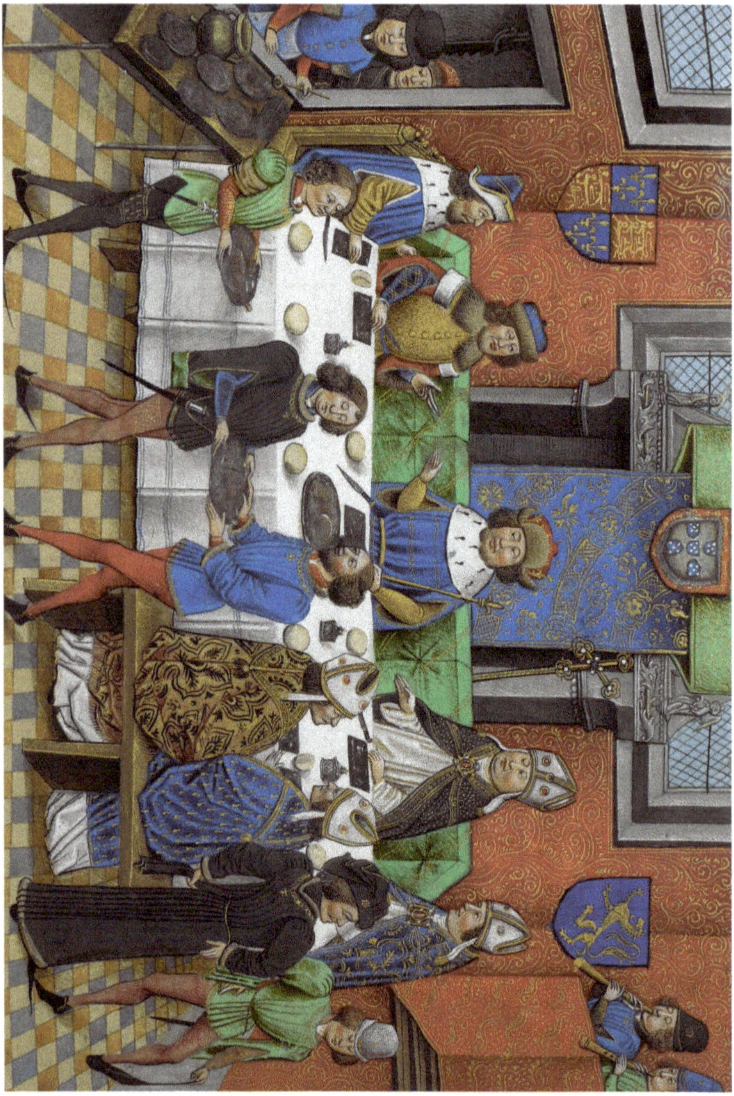

Fotoğraf 30: Jean de Wavrin, Kraliyet Yemeği, 15. Yüzyıl, Minyatür,
İngiliz Kütüphanesi, (Chronique d' Angleterre V. III,
https://commons.wikimedia.org/), Erişim Tarihi: 01.03.2020.

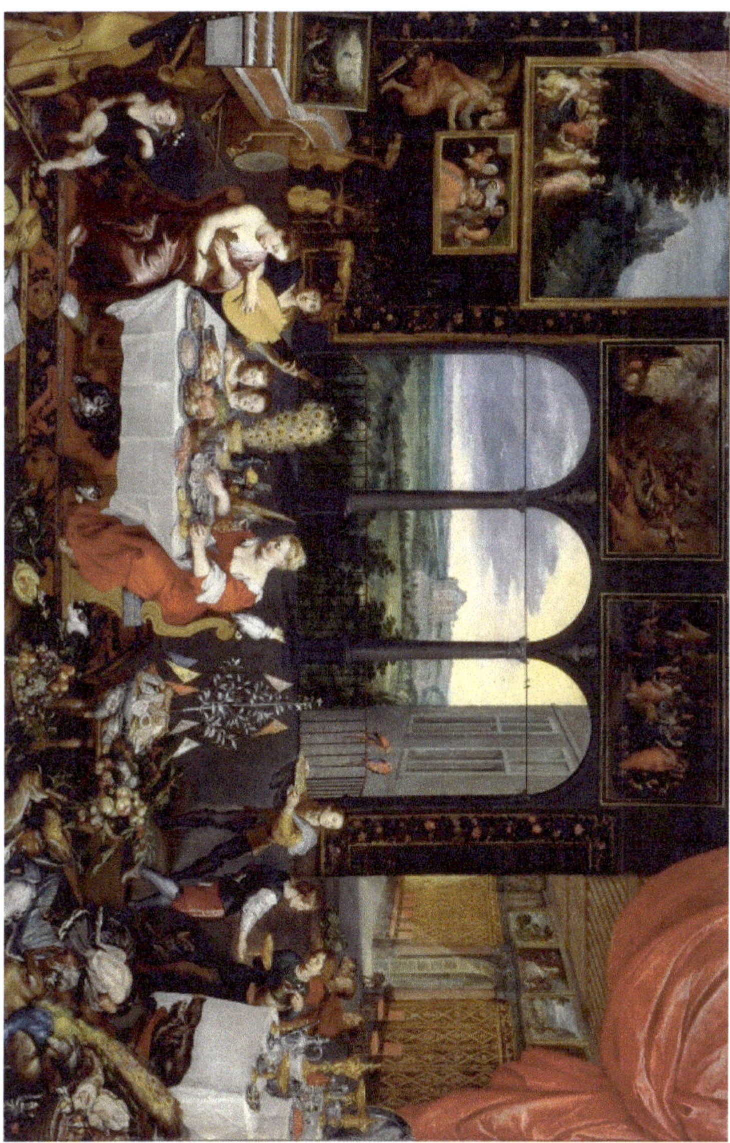

Fotoğraf 31: Jan Brueghel Elder, Tatlar Alegorisi, 1617-1618, Ahşap Üzerine Yağlıboya, Prado Müzesi/Madrid, (https://en.wikipedia.org/), Erişim Tarihi: 01.03.2020.

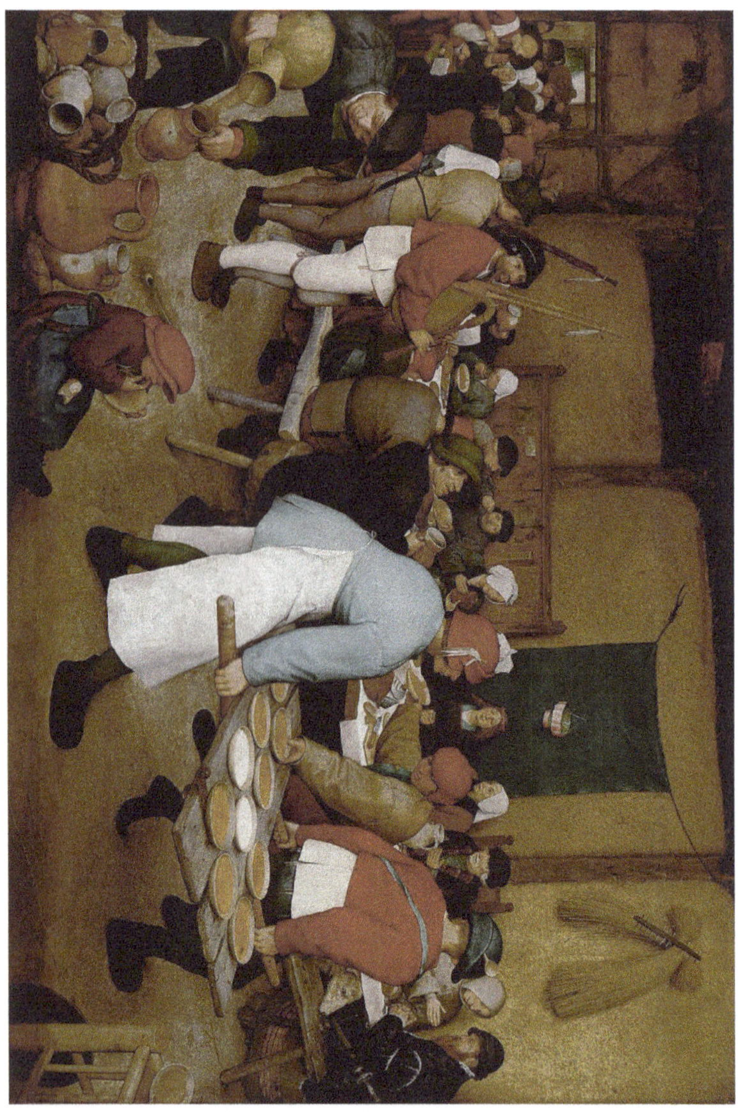

Fotoğraf 32: Pieter Bruegel, Köy Düğünü, 1566-1569, Ahşap Üzerine
Yağlıboya, Sanat Tarihi Müzesi/Viyana,
(https://commons.wikimedia.org/), Erişim Tarihi: 01.03.2019.

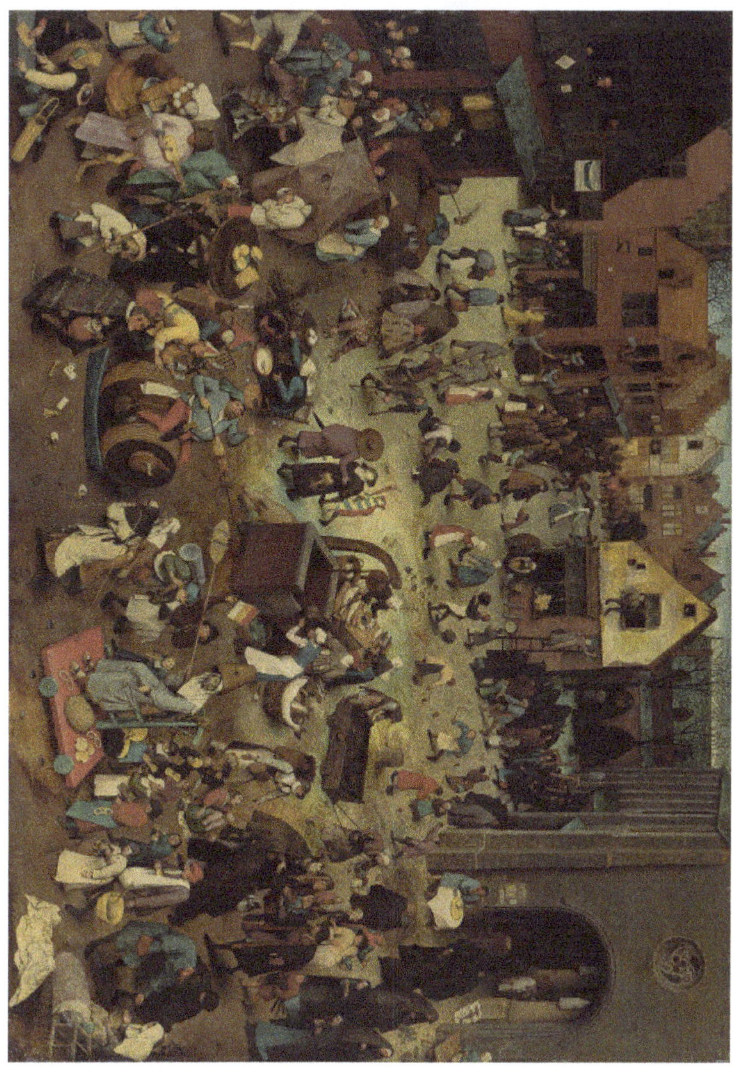

Fotoğraf 33: Pieter Bruegel, Karnaval ve Perhiz Arasındaki Savaş, 1559, Ahşap Üzerine Yağlıboya, Sanat Tarihi Müzesi/Viyana, (https:// commons.wikimedia.org/), Erişim Tarihi: 01.03.2020.

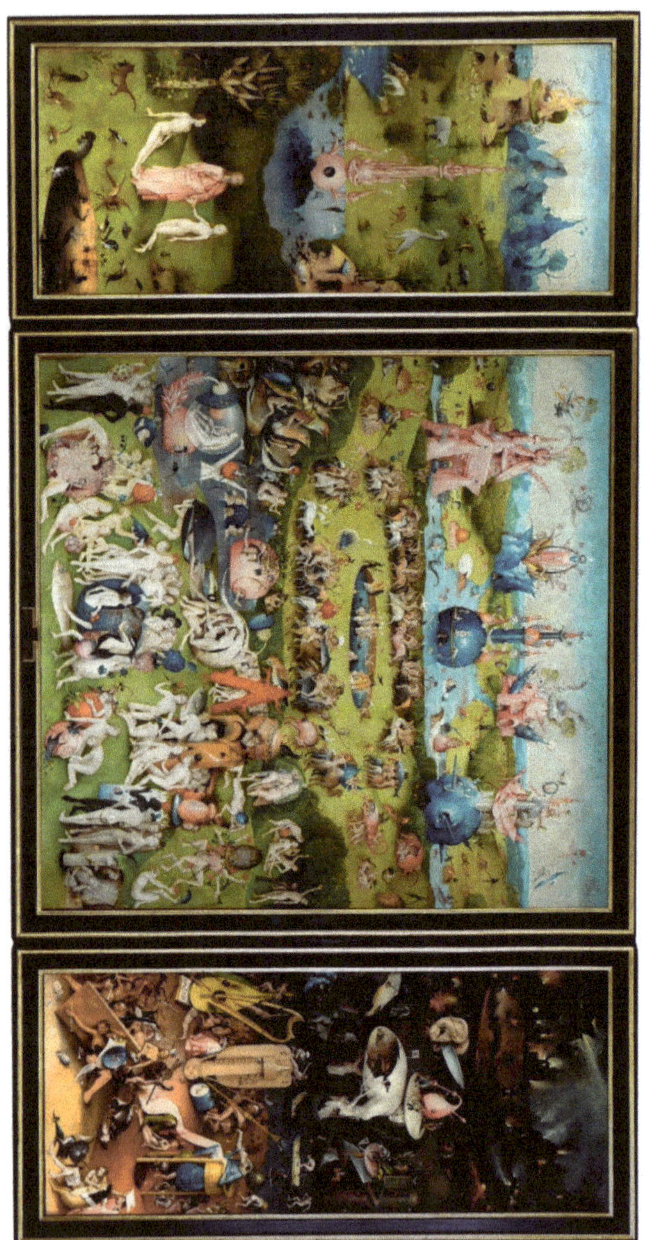

Fotoğraf 34: Hieronymus Bosch, Dünyevi Zevkler Bahçesi, 1500-1505, Ahşap Üzerine Yağlıboya, Prado Müzesi/Madrid, (https://commons. wikimedia.org/), Erişim Tarihi: 01.03.2017.

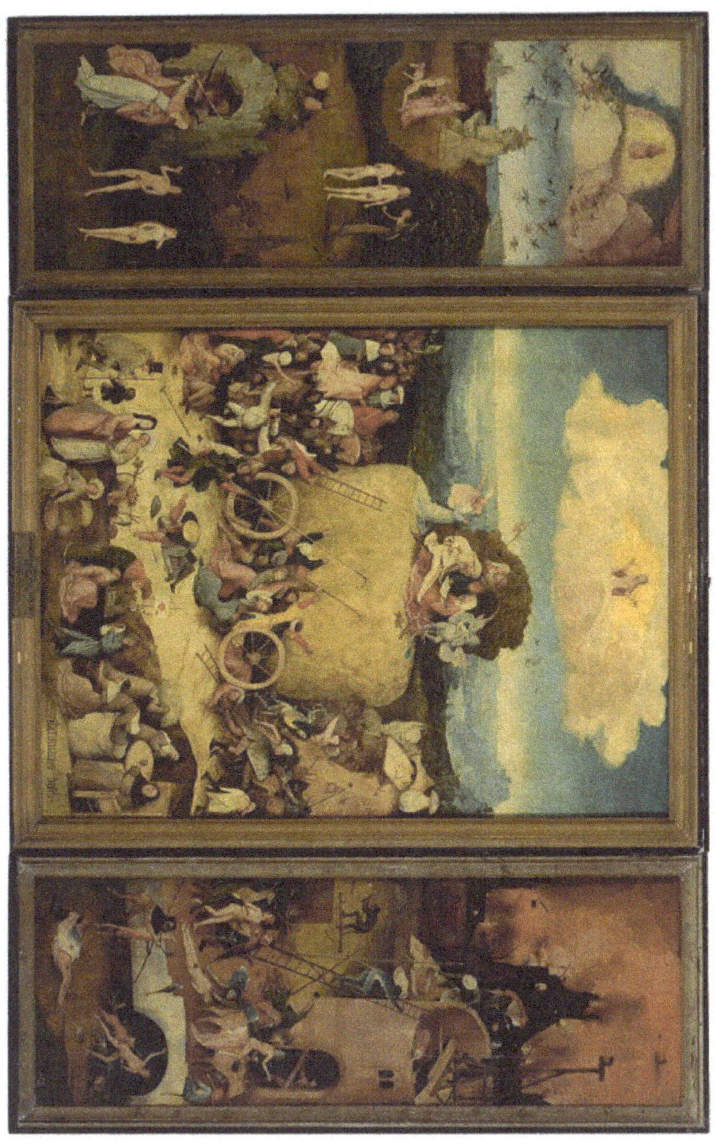

Fotoğraf 35: Hieronymus Bosch, Haywain, 1516, Ahşap Üzerine Yağlıboya, Prado Müzesi/Madrid, (https://en.wikipedia.org/), Erişim Tarihi: 01.06.2019.

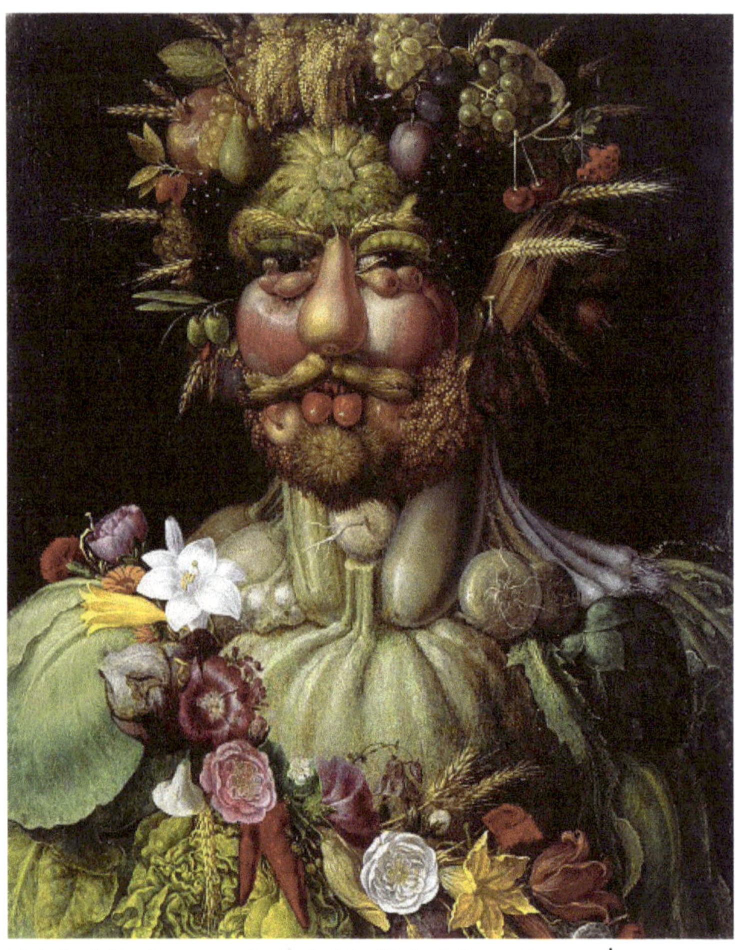

Fotoğraf 36: Giuseppe Arcimboldo, Kutsal Roma Germen İmparatoru, 1591, Ahşap Üzerine Yağlıboya, Skokloster Kalesi Müzesi/ Stokholm, (https://commons.wikimedia.org/), Erişim Tarihi: 01.06.2020.

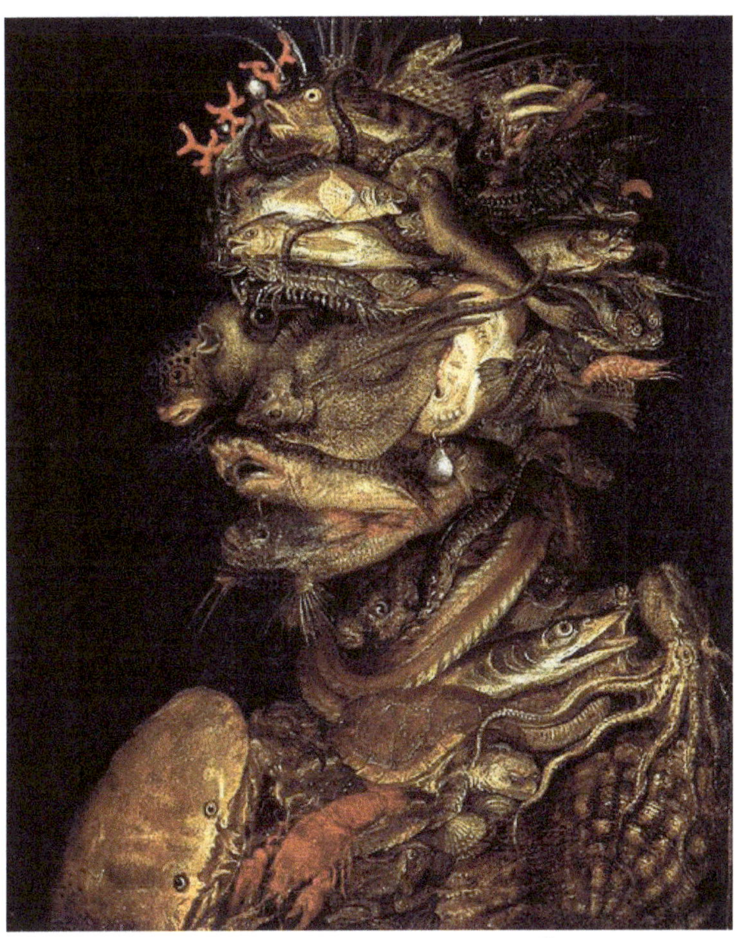

Fotoğraf 37: Giuseppe Arcimboldo, Su, 1566, Ahşap Üzerine Yağlıboya,
(https://commons.wikimedia.org/), Sanat Tarihi Müzesi/Viyana,
Erişim Tarihi: 01.03.2019.

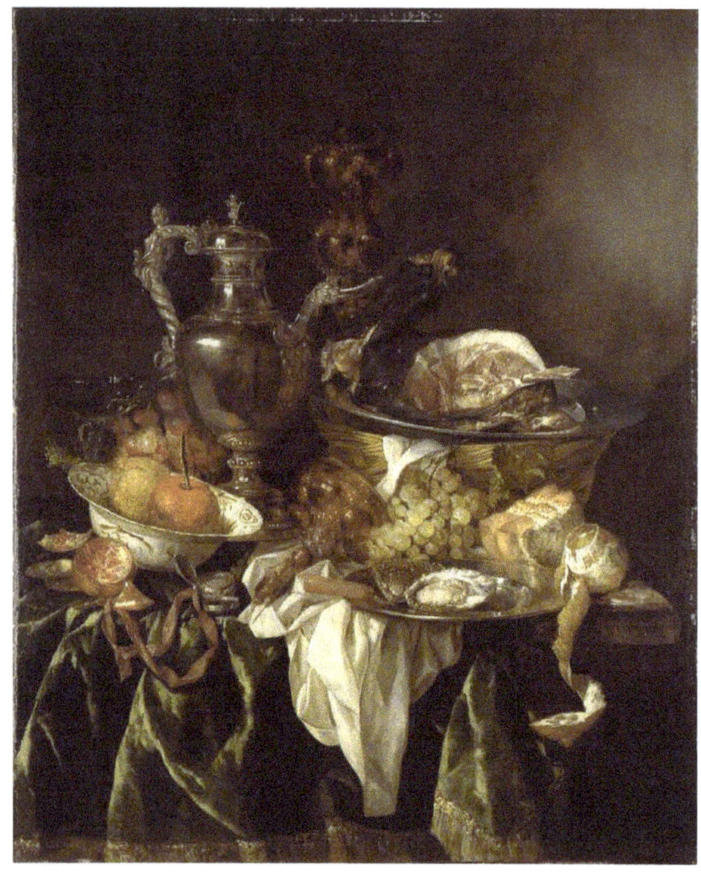

Fotoğraf 38: Abraham Hendrick van Beijeren, Sanatçı Portresinin
Yansıdığı Natürmort, 1655-1657, Tuval Üzerine Yağlıboya, Ashmolean
Sanat ve Arkeoloji Müzesi/Oxford, (https://commons.wikimedia.
org/), Erişim Tarihi: 01.05.2020.

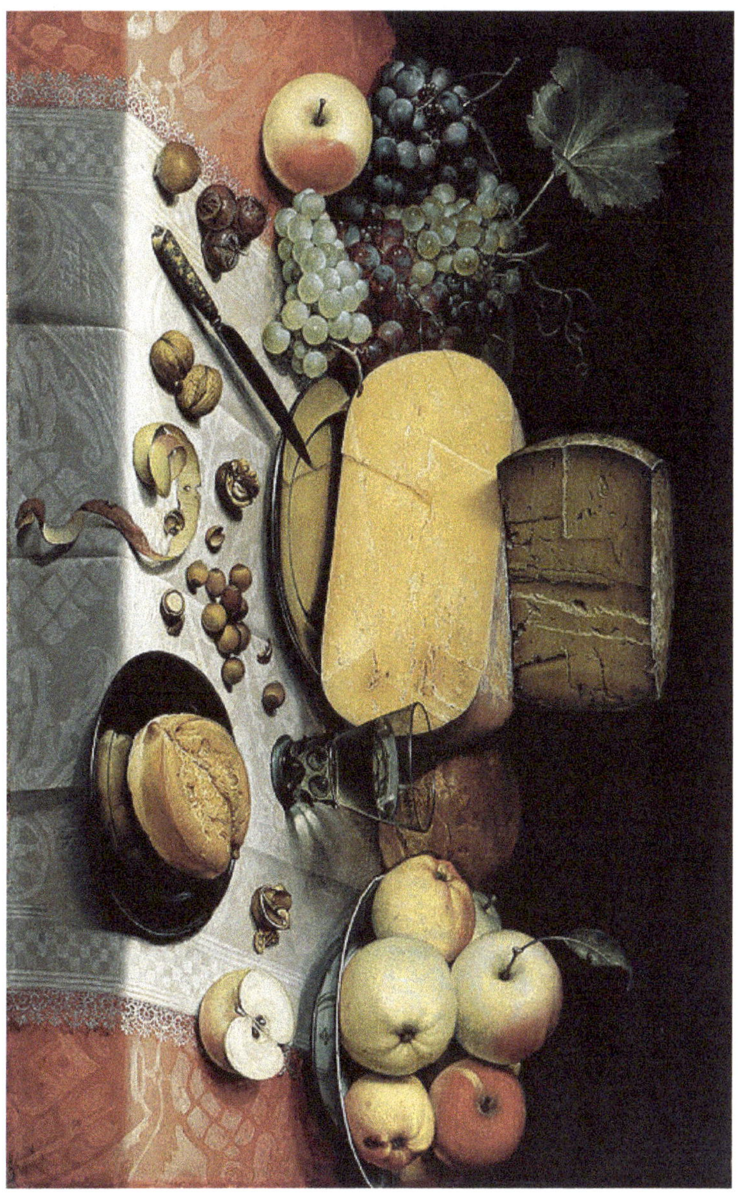

Fotoğraf 39: Floris Claesz van Dijck, Natürmort, 1613, Tuval Üzerine Yağlıboya, Frans Hals Müzesi/ Haarlem, (https://commons. wikimedia.org/), Erişim Tarihi: 01.06.2020.

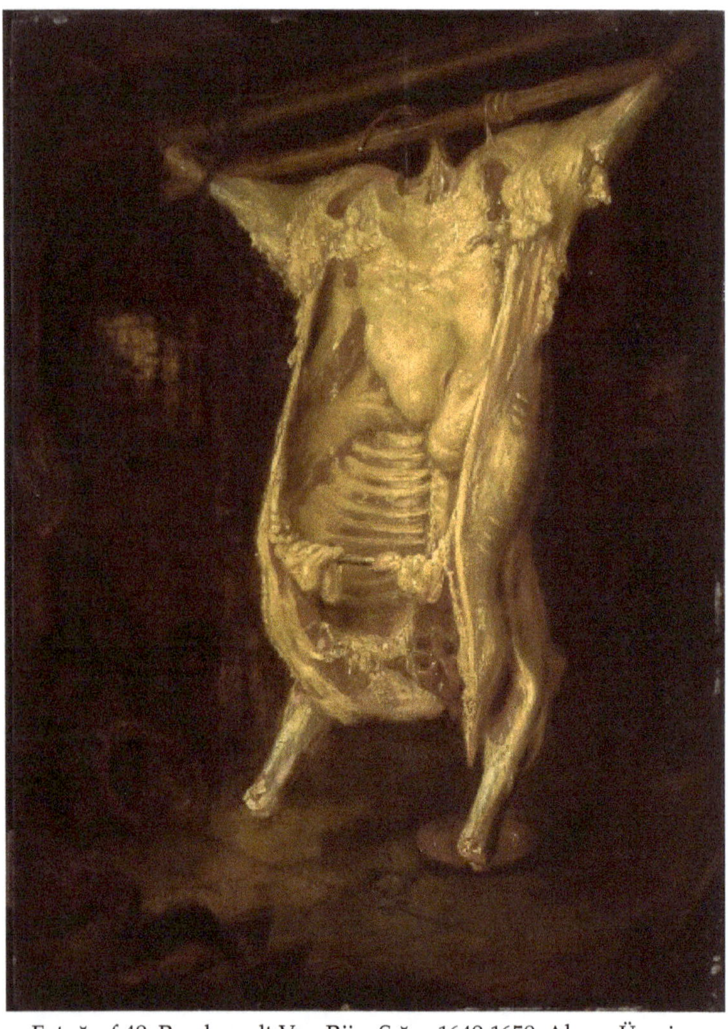

Fotoğraf 40: Rembrandt Van Rijn, Sığır, 1640-1650, Ahşap Üzerine Yağlıboya, Sanat Müzesi/Philadelphia, (https://commons.wikimedia. org/), Erişim Tarihi: 01.06.2017.

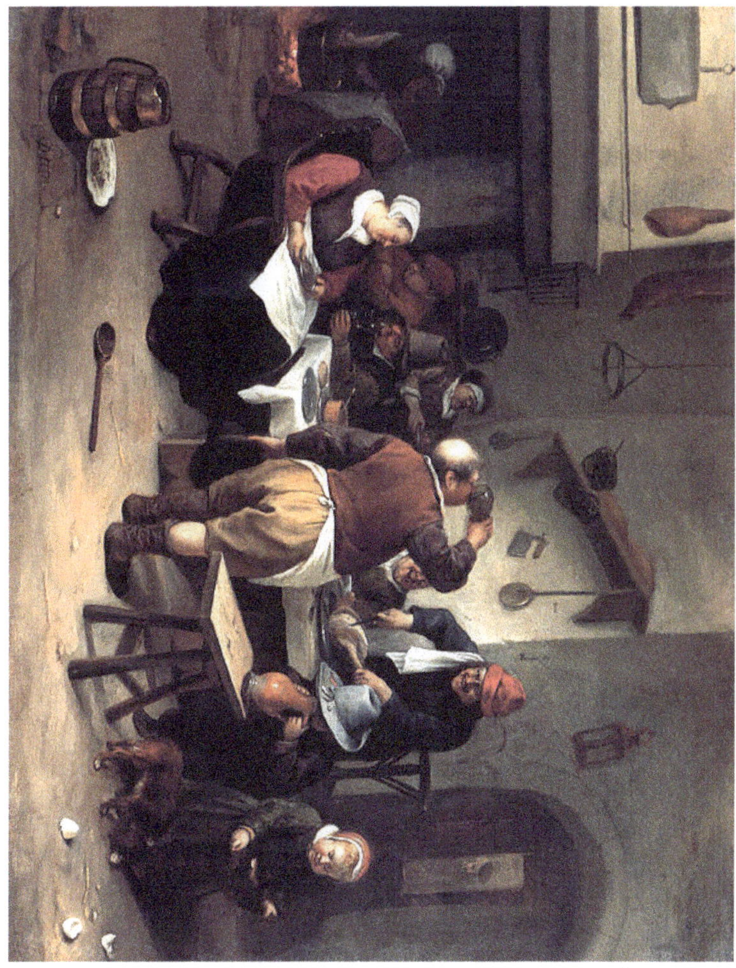

Fotoğraf 41: Jan Steen, Büyük Mutfak, 1665-1670, Ahşap Üzerine
Yağlıboya, Liechtenstein Sanat Müzesi/Viyana, (https://commons.
wikimedia.org/), Erişim Tarihi: 01.03.2019.

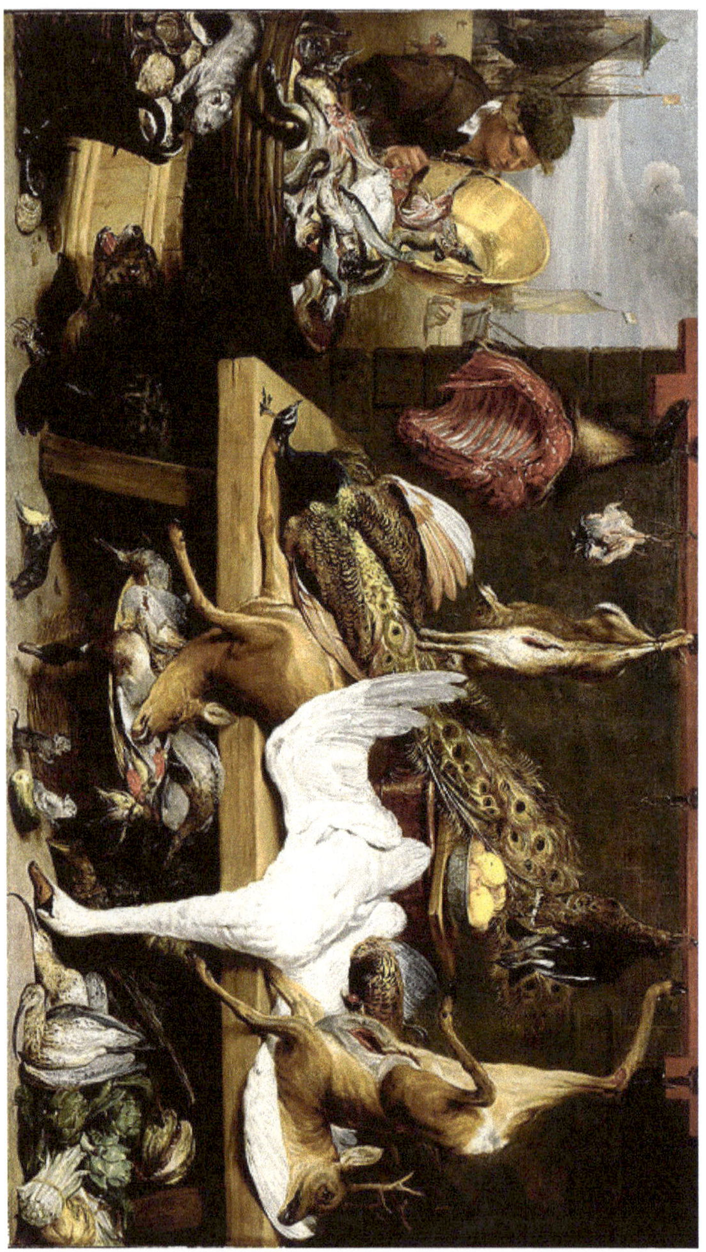

Fotoğraf 42: Frans Synders, Rıhtımda Pazar, 1635-1640, Tuval Üzerine Yağlıboya, Sanat Müzesi/Kuzey Carolina, (https://commons. wikimedia.org/), Erişim Tarihi: 01.05.2020.

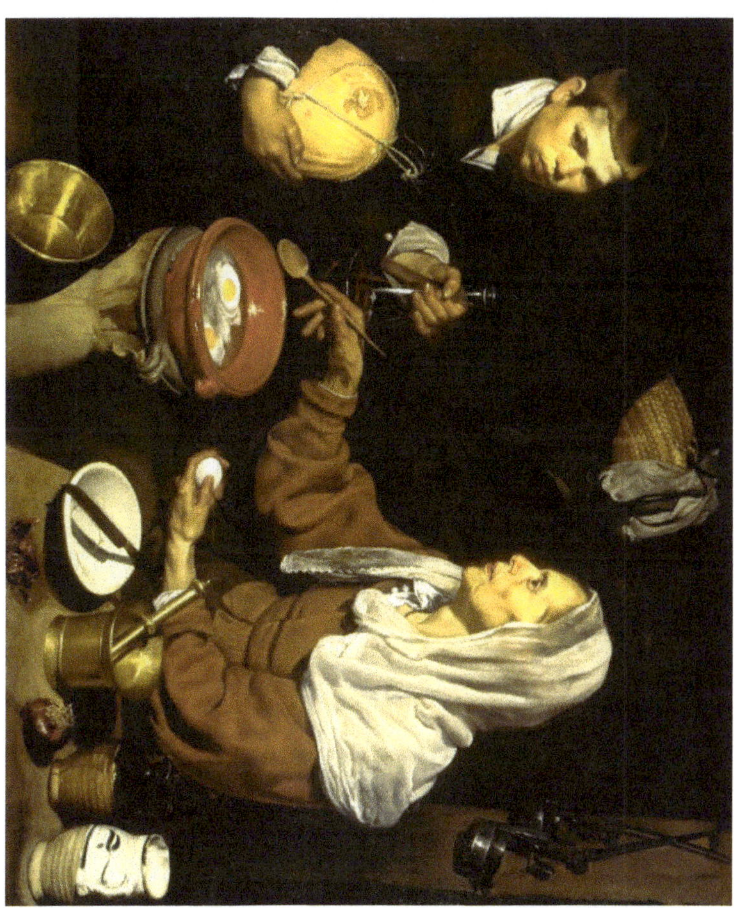

Fotoğraf 43: Diego Velazquez, Yumurta Pişiren Yaşlı Kadın, 1618, Tuval Üzerine Yağlıboya, İskoçya Milli Galeri/ Edinburgh, (https://commons.wikimedia.org/), Erişim Tarihi: 01.06.2019.

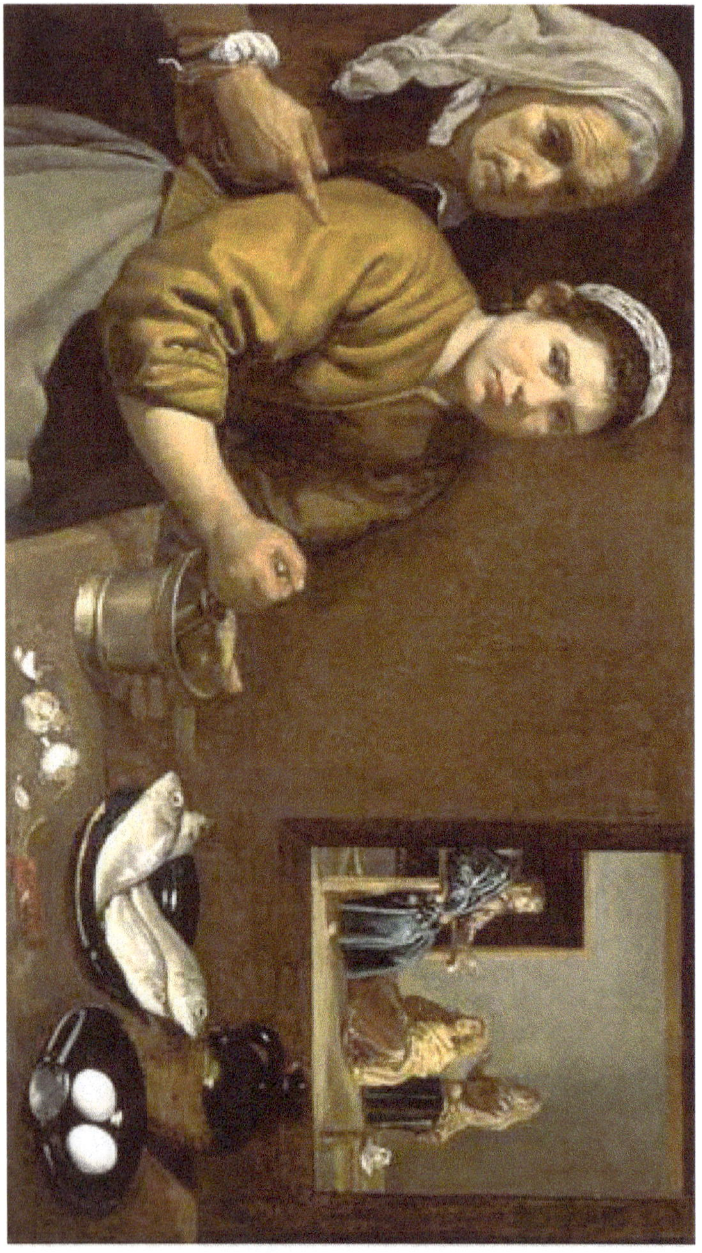

Fotoğraf 44: Diego Velazquez, Mutfaktaki Hizmetçi, 1622, Tuval
Üzerine Yağlıboya, Milli Galeri/Londra,
(https://commons.wikimedia.org), Erişim Tarihi: 04.06.2019.

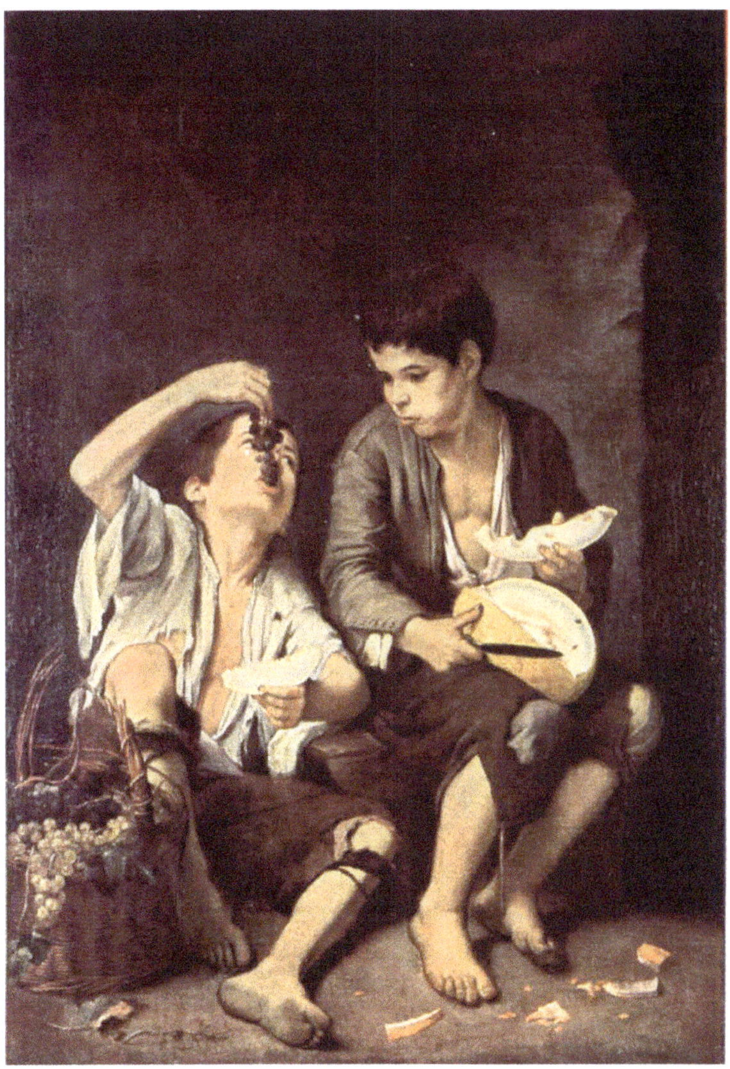

Fotoğraf 45: Bartolome Estaban Murillo, Üzüm Yiyen Çocuklar, 1645-1646, Tuval Üzerine Yağlıboya, Alte Pinakothek Sanat Müzesi/Münih, (https://commons.wikimedia.org/), Erişim Tarihi: 01.09.2020.

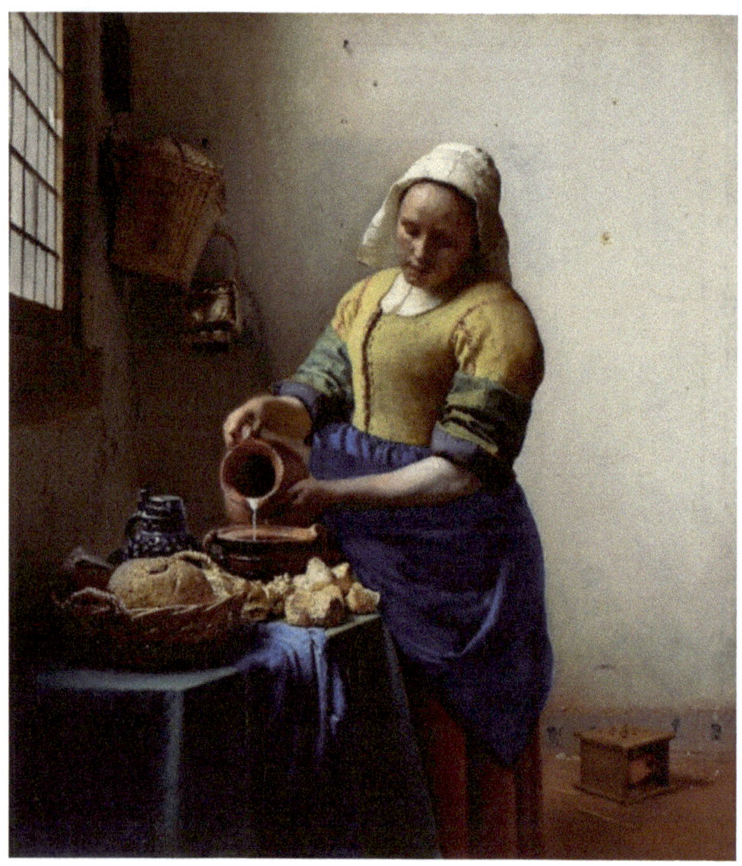

Fotoğraf 46: Johannes Wermeer, Süt Boşaltan Kadın, 1660, Tuval Üzerine Yağlıboya, Rijks Müzesi/Amsterdam, (https://commons. wikimedia.org), Erişim Tarihi: 01.06.2019.

II. BÖLÜM

Modern Sanattan Günümüze

Değişen Dünya

18. yüzyıldan sonra sanatta, toplumsal, politik, ekonomik, olay-olgu ya da durumlara bağlı olarak; izleyicinin bakış açısından sergileme alanlarına ve pratiklerine kadar, biçim, anlam ve algı bakımından önemli değişimler yaşanmıştır. Bu değişimlerle birlikte, sanatın kimi temaları ya da ilgi nesneleri demodeleşip toplumsal algı üzerinde etkisiz hâle gelirken, çağın teknik olanaklarına göre biçimsel ya da estetik kodlarını dönüştüren kimi temalar ise sürekliliğini korumayı başarmıştır. Elbette bu sürekliliğin devam ettirilmesi sadece çağa ayak uydurma gerekliliğinin yerine getirilmesiyle ilişkili değildir. Sanat tarihi incelendiğinde; sanatın var olduğu ilk andan günümüze kadar tüketilerek yeniden üretilen bu temaların, çoğunlukla insanın varlığını tespit ve temin edip onayarak yaşamsal faaliyetin özünü oluşturduğu görülmektedir. Dolayısıyla, birikimimizle de alakalı olarak şimdiki zaman üzerine düşünme ve üretme olanağı da sunan bu temalardan birini de yeme-içme oluşturmaktadır. Böyle bir farkındalık içinde, Ortaçağ'dan 18. yüzyıla inanç (din ve mitoloji) ve sosyo-kültürel hayat olmak üzere iki temel kaynaktan beslenen yeme-içme temasının 18. yüzyıl sonrası süreçte, değişen toplumsal yapı ve algıyla birlikte, farklı estetik-kültürel kodlarla ortaya çıktığı görülmektedir.

Bu bölümde, bireysel ve toplumsal motivasyonların bir sonucu olarak örtük ya da aleni olarak ortaya çıkan bu kodlara dikkat çekilerek, 18. yüzyıldan günümüze Batı sanatında yeme-içme temalı çalışmaların biçim ve içerik açısından değişimi üzerine genel bir değerlendirme yapılmıştır. Bu yapılırken; sanatın bilişsel-duyuşsal ve mikro-makro deneyim alanlarında çeşitli referanslara (sanatçı, iş, kavram, akım, izleyici, entelektüel vb. gibi) başvurulmuştur.

Modern Sanat

18. yüzyıl sonrası Batı sanatının iki yüz yılını besleyen tüm belirleyiciler, insanlık tarihinin dönüm noktalarını oluşturan *Fransız İhtilali* ve *Sanayi Devrimi* ile doğrudan ilişkilidir. Yeni bir evren ve insan tasarımını öngören bu iki çok önemli gelişmeyi hazırlayan şartlar ve bu hadiselerden sonraki kazanımlar-kayıplar, Avrupa'da birbirinin ardılı ya da karşıtı çeşitli *modern* sanat akımlarının doğmasına neden olmuştur[51].

Bu akımlardan özelikle, Kant idealizminden güçlü bir şekilde etkilenerek aydınlanma aklına karşı insanın *usa* ilave olarak duygu, düşünce, his, beceri gibi diğer yetileriyle de birlikte var olduğu savıyla ortaya çıkan Romantizm ve Fransız İhtilali arasında güçlü bir ilişki vardır. Çünkü bu felsefi dayanağın da etkisiyle *devrim* ve *yıkım* kelimeleriyle sıkı bir bağ kuran Romantik sanatçılar, bu ilişkinin tabii bir sonucu olarak uzak ülkelere özlem, merak, isyan, zafer gibi temalardan ziyadesiyle beslenmişlerdir. Dolayısıyla, çalışmalarında temel vurgularını çoğu aşkın nitelikteki bu temalar üzerine yapan romantik sanatçıların görüntü arşivinde yeme-içme ile ilgili resimlere pek rastlanmamaktadır. Çünkü dönemin şartları ve buna bağlı olarak sanatçının ilgi ve motivasyonu tıpkı Neo-Klasik ve Rokoko dö-

---

51 Fransız İhtilali (1789) ve Sanayi Devrimi (1760-1840), kendilerini hazırlayan koşullar ve sonrasında biçimlendirdiği yeni sosyo-ekonomik yapıyla, kapitalist sistemin oluşmasına büyük katkı sağlamıştır. Fransız İhtilali ve Sanayi Devrimi hakkında ayrıntılı bilgi için bkz. Eric John Hobsbawm (2008). *Sanayi ve İmparatorluk*, (Çev. Abdullah Ersoy), Ankara: Dost Kitabevi Yayınları; Taner Timur (2016). *Mutlak Monarşi ve Fransız Devrimi*, İstanbul: Yordam Kitap.

nemlerinde olduğu gibi yeme-içme temalı resimlerin yapımına çok da imkân tanımamıştır. Bu sebebe istinaden kitabın ikinci bölümünde sanat ve gastronomi ilişkisi, 19. yüzyıldan itibaren ele alınmaya başlanmıştır.

Rönesans'tan sonra yeme-içme kültürü ve resim sanatı ilişkisi içerisindeki ikinci kırılma Empresyonizmle beraber yaşanmıştır. 18. yüzyılın sonu ile 19. yüzyılın başlarında İngiltere'de *insan-hayvan el-kas* gücünden makine gücüne geçilmesiyle gerçekleşen Sanayi Devrimi ve o güne kadarki hâkim sanat anlayışını sarsan fotoğraf makinesinin icadı gibi bir dizi ardışık olayın doğrudan ve dolaylı etkileriyle ortaya çıkan empresyonizm, yeme-içme temasının sıklıkla işlendiği bir akımdır[52]. Bu anlamda, geleneksel sanatın bütün biçimsel ve kanonik yaratım arzularını bir kenara bırakıp sanatı geri dönüşü olmayan bir noktadan yeniden başlatan empresyonistlerin *natürmort*larında ve atölyelerini terk ederek anlık izlenimler üzerine odaklandıkları *outdoor*[53] sahnelerinde, yeme-içme temasını (bazen) birlikte yaratım sürecinin bir parçası hâline getirdikleri görülmektedir. Örneğin, empresyonizmin kurucusu olarak kabul edilen Eduard Manet'nin, dönemin ahlaki değerlerine yönelik bir eleştiri barındıran *Kırda Öğle Yemeği* adlı çalışması, döneme yönelik eleştirel bir yaklaşıma sahip olmasının yanında, özellikle resmin sol alt köşesinde yer alan natürmort eklentisiyle dikkat çekmektedir (Fotoğraf 1). Dönemim bir başka önemli ressamı Claude Monet'in de benzer içerikli çalışmaları bulunmaktadır (Fotoğraf 2).

Burada kahvaltı-piknik temalı çalışmaların bir eklentisi olan natürmort, kompozisyon içindeki koordinatı ile artık hiyerarşik vurgusundan kurtarılmış ve bir *eylem* aracı olmuştur. Çünkü resmin en önünde kurgulanan natürmort, aynı zamanda tam da arkasında yer alan figürler ve hemen önünde duran seyirci ile bir bağı, bir eylemi mümkün kılmaktadır. Ulus Baker, seyirci ile natürmort arasındaki bu ilişkiselliği şöyle açıklamaktadır:

---

52   Empresyonizm hakkında ayrıntılı bilgi için bkz. Maurice Serullaz (1991). *Empresyonizm Sanat Ansiklopedisi*, (Çev. Devrim Erbil), İstanbul: Remzi Kitabevi.

53   Resim sanatında dış mekân tasvirleri için kullanılan İngilizce kelime.

*"Natürmort bir 'alan-dışı', 'off–screen', 'hors-champs' sanatıdır...
Bir eli çağıran, resmi göreni veya seyirciyi çağıran bir an.*

(...)

*Bu nihayetinde seyircinin uyarılan elinden, dolayısıyla beyninden
başka bir şey değildir...* (Baker, 2015: 102,103).

Bu resimde de eylemsiz nesnelerden oluşan natürmort aracılığıyla seyirci öncelikle, önde doğrudan çekincesiz duran ve kendisine bakan kadın figürüyle daha sonra resmin geri kalanını oluşturan her şey ile iletişim kurarak, resme hem dâhil, hem de müdahil olmuştur[54].

Natürmort türü üzerinden devam edilirse; empresyonizm ile kübizm arasında bir köprü oluşturan ve *sanat tarihinde natüralizmden soyut sanata geçişte aracılık görevini üstlenerek* modern sanatın da babası olarak anılan *Paul Cezanne* (Tunalı, 2008: 123), yeme-içme teması açısından elbette en önemli uğraklardan birini oluşturmaktadır. *Bir elmayla Paris'i şaşırtmak istiyorum* diyen sanatçı, bu niyetine karşılık gelecek şekilde eşzamanlılık ilkesiyle hareket ettiği, deneysel, nesnelerin birbirleriyle ve zaman-mekânla ilişkilerini alışılmadık açılardan sunduğu ve optik algıyı zorlayan pek çok natürmort resim yapmıştır. Cezanne'ın bu arzusu Baker tarafından, izlenimciler açısından sanatçının önemine vurgu yapılarak şöyle dile getirilmiştir:

*"Bir elmanın önem kazanması, yani bir kompozisyonun parçası
olarak değil, tek başına önemli hale gelmesi..."* (Baker, 2015: 56).

Bu vurgudan hareketle; Paul Cezanne'ın natürmortlarındaki yeme-içme faaliyetine ait her türlü görüntünün gıda değerini aşarak artık birer kavrama dönüştüğü görülmektedir. Bu farkındalıktan yola çıkarak yine Cezanne'ın natürmortlarındaki her öğeyi *aşkın bir imaj* olarak değerlendiren Baker'in onlar üzerinden bütün bir dönem okumasına da giriştiği görülmektedir:

*Bazen bu an, transandantal imajın resimdeki en büyük ustası olarak adlandırmak istediğim Cézanne natürmortlarında belirir... Orada
resme bakanı müdahaleye davet eden, hatta bunu el hizasında yapabi-*

---

54 Görüldüğü üzere, 18. yüzyılla beraber Natürmort, Barok Dönem'de
sahip olduğu sembolik anlamın dışına çıkarak, (adeta) ana kurgu ile
izleyici arasında bir bağlantı aracına dönüşmeye başlamıştır.

len bir motif var: Cézanne'ın küçük köylü kilerlerinde resmettiği bütün o elma ve armutlar [adını unuttuğum biri bu resimleri yorumlarken 'bir havuçla devrim yapılabilir' demişti] aslında aşkın, transandantal bir imaja gönderirler --işte bu yüzden masa her an dağılacakmış, çöküp gidecekmiş gibi bir geometriyle resmedilmiştir... müdahale etmezseniz, masayı tutmazsanız 'yitip gidecek' bir hayat tarzı vardır --endüstri yavaş yavaş yerleşirken gitgide yoksullaşan doğal köylü hayatı... (Ulus Baker, http://www.korotonomedya.net/kor/index.php?id=0,243,0,0,1,0)

Bütün bu değerlendirmelerle birlikte yeme-içme temasının Cezanne'da (bir bakıma) *ideale* dönüştürüldüğünün söylenmesi mümkün gibi görünmektedir.

Kahvaltı-piknik organizasyonu içinde ya da bağımsız olarak natürmort temalı bu tarz çalışmaların dışında, devrim sebebiyle Fransa'da değişen sosyo-kültürel hayatın çok iyi anlatıldığı empresyonist resimler de mevcuttur. Bu anlamda, titizlikle hesaplanmış toplumsal hayatın ayrıntıları içinde yeme-içme faaliyeti, (nesnel ve pratik olarak) empresyonist resimlerde fiziksel-mekânsal bir varoluş içinde somutlaştırılarak tekrar tekrar üretilmiştir. Bu resimler içerisinde yeni hayatın somut, kültürel ve çoğunlukla entelektüel-ideolojik olarak tanılı mekânları olan cafe-restoranları konu alan yeme-içme temalı çalışmalar dikkat çekicidir. Örneğin, bu dönem ressamlarının buluşma yeri olan *Cafe Nouvelle-Athenes*, pek çok ressamın eserine konu olmuştur. Bu çalışmalar içerisinde Edgar Degas'ın *Apsent* adlı çalışması, seçilen figürler ve vurgulanan melankolik tavrı ile (özellikle yeni dünyanın yalnızlığına göndermede bulunması itibariyle) önemlidir (Fotoğraf 3). Bu çalışmalar dışında Manet'in *Folies Bergere'de Bar* ve Renoir'in *Sandal Partisi* adlı resimleri, yeme-içme mekânlarının resme konu edildiği diğer empresyonist çalışmalardır (Fotoğraf 4, 5). Bu dönemde, *post-empresyonist* olarak da değerlendirilen iki ressam için ayrı bir parantez açmak gerekir. Bunlar Vincent Van Gogh ve Paul Gauguin'dir. Pek çok önemli başyapıtı ile resim sanatı tarihi içerisinde özel bir yeri olan Van Gogh, çok sayıda cafe-restorana çalışmalarında yer vermiştir. *Cafe Arles'te Bir Akşam*, sanatçının önemli eserlerinden biri olup, Van Gogh'un benzer içerikli başka çalışmaları da bulunmaktadır (Fotoğraf 6, 7).

Elbette bu yapıtlardan yola çıkarak mevzu bahis temayı sadece gerçek yararlılığı içinde, *olduğu şey* olarak değerlendirmek basit bir indirgemeci yaklaşım olacaktır. Çünkü yeme-içme temasına kaynaklık eden bu sosyal-toplumsal mekânlar (cafe-restoranlar) geçmişte siyasal ve sanatsal manifestoların fikren kuruluşları açısından stratejik mekânlar olarak entelektüel hayatta son derece önemli bir rol oynamışlardır[55]. Dolayısıyla, yeme-içmenin mekânla ilişkisi düşünüldüğünde, böyle bir yaşamsal pratik kendisinden ziyade bambaşka bir bilinç ve imgeye indirgenebilmektedir. Örneğin Zeynep Kakınç bu durumu, Amerikalı yazar ve gazeteci Edward King'in *Paris İzlenimlerindeki Cafeler* adlı yazısını referans göstererek şöyle aktarmaktadır:

Dedikodular, entrikalar, hayaller, umutlar her şey buralardadır. Şehir bohem havasını korumaya çalışırken burjuvazinin etkisi ağır bastı ve café'ler ve içilen içkiler bir statü simgesi halini almaya başladı" (https://nattsfield.com/2017/02/13/artistic-cafe-society/).

Kuşkusuz bu tespit, mekân ve yeme-içme kültürü üzerine hiyerarşik bir vurgu yapmaktadır. Nitekim cafe-restoran betimlemelerinin dışında yer alan Van Gogh'un sosyolojik içerikli bir diğer yeme-içme temalı resmi olan *Patates Yiyenler*'i de, alt-kültürle ilişkilendirerek bu vurguya açık-seçiklik kazandırmak mümkündür (Fotoğraf 8).

Dönemin diğer önemli ressamı Paul Gauguin'in Haiti'de yaptığı etnik temalı natürmortları bu eşleşmelerden azade bir görüntü sergilemekte, kültürel farklılığın ve zenginliğin anlam ve üretimine odaklanmasıyla bütün hiyerarşik vurguları geçersiz kılarak (natürmortun ilk bölümde ifade edilen klasik anlamının dışında) yeme-içme kültürü açısından önemli bir yerde durmaktadır (Fotoğraf 9).

Empresyonistler ve post-empresyonistlerden hemen sonra ve onların natüralist anlayışlarına karşı ortaya çıkan ekspresyonistlerin ise yeme-içme temasını sanat pratiklerinin işleyişlerine

---

55   Bu bağlamda, Fransa'da (Paris) yaşanan gelişmeler oldukça önemlidir. Paris'te restoranın doğuşu ve modern gastronomiye etkisi hakkında ayrıntılı bilgi için bkz. Rebecca L. Spang (2019). *The Invention of Restaruant Paris and Modern Gastronomic Culture*, Boston: Harward Universty Press.

göre yeniden ve varoluşsal bir kaygıya eşlik edecek biçimlerde yorumladıkları görülmektedir[56].

19. yüzyıl sonları ile 20. yüzyıl başlarında Almanya'da ortaya çıkan, iç dünyanın dışavurumuna dayanan ve metaforik anlatımlarda ihtiva eden bir sanat akımı (Richard, 1991: 7, 8) olarak ekspresyonizmde, yeme-içme temalı resimler empresyonizmden farklı olarak değişen sosyo-kültürel hayatın somut nesneleri olarak değil, iç dünyanın soyut imgelerinin ürünü olarak ortaya çıkmışlardır (Fotoğraf 10-12). Yani bir bakıma oldukça geniş bir konu yelpazesiyle ortaya çıkmış olan resimlerde kurgunun korunduğunu, bununla birlikte anlatım dilinin değiştiği söylenebilir. Öyle ki, dönemin natürmortlarında bile değişen anlatım dili ve melankolik ifade görülebilir.

Empresyonizm sonrası değişim kendisini sadece ekspresyonizm ve sembolizm gibi sanat akımlarında hissettirmemiştir. 20. yüzyıl dünyası, yaşanan pek çok siyasi olayın da etkisiyle sanat alanında farklı ve hızlı değişimlere gebe olmuştur. 20. yüzyılla beraber Avrupa resminde beş yüz yıl egemen olan obje merkezli anlayış yerini süjeye bırakmış ve sübjektivist bir sanat anlayışı resimde egemen olmaya başlamıştır (Tunalı, 2008: 121). Soyut bir kavrayışı merkeze koyan bu sanat anlayışı aynı zamanda modern sanatın başlangıcı olarak da kabul edilmektedir. 20. yüzyılla beraber ortaya çıkmaya başlayan modernizmin felsefi temelleri ise 18. yüzyılın son çeyreğinde Immanuel Kant tarafından atılmış olup Kant, sanat eserlerini eleştirenlerin, aynı eserleri deneyimlemeleri halinde benzer yorumları yapabilecekleri ve ortak yargılarda bulunabilecekleri bir estetik kuram geliştirmiştir (Barrett, 2014: 51,52).

19. yüzyılda kendisinden önceki sanat akımlarına bir tepki olarak doğan akımların sayısı üçü geçmezken 20. yüzyılda bu sanatlara, özellikle de empresyonizme tepki olarak doğan akımların sayısı oldukça fazladır (Benoist, 1975: 114). Genel olarak bu sanat akımlarının hepsinin ortak özelliği, özü itibariyle

---

56   Ekspresyonizm hakkında ayrıntılı bilgi için bkz. Lionel Richard (1991). *Ekspresyonizm Sanat Ansiklopedisi,(Çev. Beral Madra, Sinem Gürsoy ve İlham Usmanbaş)*, İstanbul: Remzi Kitabevi.

natüralizmi reddetmesidir[57]. 20. yüzyılda klasisizme karşı olan, sanat ile hayatı bir araya getirmeye çalışan ve *yeni*yi arayan bütün sanat akımlarını avangart tanımı içerisinde değerlendirmek mümkündür (Artun, 2013. 45). Peter Bürger, avangart terimine yüklediği misyonu şöyle ifade etmektedir:

Özerkleşme 19. yüzyıl sonu ile 20. yüzyıl başında estetizm ve sembolizm ile zirvesine ulaşır. Hayattan olabildiğince yalıtılması sonucu, sanatın içeriği kendi formuna dönüşür. Başka deyişle içeriği biçimi olur. Bu süreç sanatın toplumsal örgütlenmesiyle birdir. Sanat, formlarıyla olduğu kadar kurumlarıyla da, artık toplumu ve hayatı değil, kendisini temsil eder (Bürger, 2017: 20, 21).

Bu akımlar içerisinde olan Kübistler, Fovlar, Primitivistler ve Fütüristler, bu yüzyıl başlarında ortaya çıkan ve aynı *soyut* anlayışa sahip olan ekoller olmasından dolayı oldukça önemlidir[58]. Bu noktada yeme-içme teması ile ilişkili olarak kübizme ayrı bir parantez açmak gerekmektedir. Çünkü 20. yüzyıl başında ortaya çıkan bu akımın en önemli temsilcisi olarak kabul edilen Pablo Picasso'nun son dönemlerinde yaptığı bir grup çalışması, Batı resmindeki yeme-içme temalı çalışmalar içindeki ilginç denemelerdendir.

Sanatçının İspanya'da seramik tabaklar üzerine yaptığı resimler, resim sanatı ve yeme-içme kültürü açısından daha önce görülmemiş bir yeniliktir. Avrupa'nın değişik müzelerinde sergilenen farklı boyut ve renkteki tabaklar üzerinde bazen yiyecek tasvirlerinin kullandığını, bazen ise farklı betimlemeler yapılarak seramik yüzeyin bir tuvale dönüştürdüğü görülmektedir. Picasso'nun sanatçı kişiliğindeki sürekli biçim değişikliği (tabaklar da mevzu bahis edilirse biçime malzemeyi de katmak mümkündür), onu kendisinden sonraki süreçte de modernistlerin sürekli bir referans noktası yapmıştır.

---

57 Birbirine tepki olarak doğan sanat akımlarının manifestoları hakkında toplu ve ayrıntılı bir bilgi için bkz. Ali Artun (2013). *Sanat Manifestoları*, İstanbul: İletişim Yayınları.

58 19. yüzyıl sonu ile 20. yüzyıl başı, zikredilen bu akımlar-üsluplar dışında pek çok farklı akım-üslubu bünyesinde barındırmaktadır. Ayrıntılı bilgi için bkz. Ahu Antmen (2013). *20. Yüzyıl Batı Sanatında Akımlar*, Ankara: Sel Yayıncılık.

Kim ne derse desin, Picasso, buluşlarıyla kendinden sonrakilere yol gösterecek öncü bir devrimciydi. Greenberg, öncünün en önemli işlevi denemek değil yol bulmaktır" derken, sanırız Picasso'nun ünlü "ben aramam bulurum" sözünden hareket etmişti. Söylemeye bile gerek yok, modern düşüncenin bir ürünüydü o. (Yılmaz, 2013: 97).

Yemek tabaklarını bir tuvale dönüştürerek kullanan diğer bir önemli sanatçı ise Salvador Dali'dir. Picasso'nun çalışmalarına benzer bir şekilde çok sayıda yemek betimlemesinin yer aldığı Dali'nin tabaklarında, Picasso'ya göre daha girift kompozisyonların olduğu görülmektedir.

Sürrealizmin (Gerçeküstücülük)[59] en önemli temsilcilerinden biri olan Dali'nin yeme-içme konulu çalışmaları sadece tabaklarla sınırlı değildir. Sanatçının sürrealist üslupla yapılmış yeme-içme temalı çeşitli yağlıboya tabloları da bulunmaktadır. Yeme-içme temalı bu eserleri dışında Dali'nin, oldukça afrodizyak tariflerden oluşan ve içinde bol sayıda görselin yer aldığı bir yemek kitabı da[60] mevcuttur. Bu çalışmalarına ilaveten Dali'nin, *Istakoz Telefon* adını taşıyan başka bir çalışması da bulunmakta olup, çalışma bir tüketim nesnesinin sanat eserine dönüşüm sürecindeki malzeme değişikliğine güzel bir örnektir.

Sürrealist ressam Meret Oppenheim da tabağı bir sanat nesnesine dönüştüren sanatçılardan biridir. Daha çok fotoğrafları ile tanınan Oppenheim'ın, bir çift beyaz stiletto ayakkabının sunumunu yapıldığı *Metal Servis Tabağı* adlı eseri, konuya farklı bir türde yaklaşan fakat yine tabak nesnesi üzerinden bir yorumlamaya giden, kadın-servis-yemek-erotizm dörtleminde ilginç bir sürrealist çalışmadır.

20. yüzyılın geniş bir alanda etki uyandıran en önemli akımlarının başında gelen Sürrealizm, bilinen sanat görüşlerini alt üst eden ve 1916-1920 yılları arasında görülen Dada'nın bir bakıma

---

59 Sürrealizm hakkında ayrıntılı bilgi için bkz. Rene Passeron (1982). *Sürrealizm Sanat Ansiklopedisi*, (Çev. Sezer Tansuğ), İstanbul: Remzi Kitabevi.

60 Picasso tarafından kaleme alınmamış olsa da Picasso'nun sevdiği yemeklerden oluşan benzer bir çalışma, *Picasso'nun Sofrası* adı altında yayınlanmıştır. Bkz. Ermine Herscher (2003). *Picasso'nun Sofrası Mutfaktaki Sanat Şöleni*, (Çev. Emine Çaykara ve Şeyda Çaluk), İstanbul: İş Bankası Kültür Yayınları.

devamı olarak kabul edilebilir (Hopkins, 2006: 11). Dada'ya bağlı marjinal bir bakış açısının gelişme ve değişme imkanı bulduğu sürrealizm, bilinçaltı ile beslenen bir sanat akımıdır. Zira bu akımın ortaya çıkmasında Sigmund Freud'un yaptığı araştırmalar ve ortaya koyduğu realiteler büyük rol oynamıştır (Türker ve Çokokumuş, 2014: 122). Mehmet Yılmaz, *Modernden Postmoderne Sanat* adlı kitabında, Freud'dan şöyle bir aktarım yapar:

Sanatçı yapısı bakımından içine dönüktür; Nevroza uzak sayılmaz. [...] Onur, güç, servet, ün ve kadından sevgisini kazanmak ister; ama bu doyum kaynaklarını elde etme olanağından yoksundur. Sonuçta, doyumsuz başka herkes gibi gerçekliğe sırt çevirerek, tüm ilgisini ve libidosunu, nevroza dönük olan kendi hayal dünyasının dileklerini gerçekleştirmeye aktarır (Yılmaz, 2013: 173).

Bilinçaltından beslenen sürrealist sanatçılar oldukça özgür bir imge dünyasına sahiptiler. Bu bakımdan, kullandıkları çok sayıda simge de metaforik olarak resim sanatında yer bulabilmiştir. Bu simgelerden bir kısmını da Salvador Dali'nin örneklerinde olduğu gibi yeme-içme konulu nesneler oluşturmaktadır. Salvador Dali dışında başka sürrealist ressamların da yeme-içme temalı resimleri bulunmaktadır. Bu sanatçıların en önemlilerinden biri Rene Magritte'dir. Magritte'nin yaptığı ve resim sanatına mâl olan pek çok çalışması içerisinde, yeşil elmayı bir simge olarak kullandığı resimleri, kendi eserleri içerisinde özel bir grubu oluşturmaktadır.

Kübizm ve ardından gelen Sürrealizm'in Batı sanatındaki yeme-içme temalı çalışmalar özelindeki en büyük yeniliği, malzeme değişikliğine bağlı farklı çalışmaların ortaya çıkmasına imkân tanıması olmuştur[61].

20. yüzyılın ikinci yarısından sonra ise yaygın popüler görüşe göre mottosu *her şey uyar* olan postmodern dönem başlamıştır. David Harvey, *her şey uyar*ın izahı sadedinde postmodernizmi modernizmden ayırırken, postmodernizmin; rastlantısal,

---

61 Bu yeniliğin en önemli göstergeleri olan tabaklar, hem Dali hem de Picasso'nun geç dönemlerine ait olup, 1960-70'li yıllara tarihlenmektedir. Bu açıdan bakıldığında, çalışmalar kronolojik olarak Sürrealist ya da Kübist olarak değerlendirilemeyecek olsa da ortaya çıkış prensipleri itibariyle bu akımlar dâhilinde ele alınarak yorumlanmıştır.

anarşik, katılıma dayalı, yüzeyle ilgilenen, ideoloji karşıtı, kişisel tarihle ilgili, ironik ve pastişik (tarihsel süreksizlik), yapı bozumcu ve şizofrenik bir duruma işaret ettiği bir grup tanımlayıcı özelliğe sahip olduğunu sıralamaktadır (Harvey, 2014: 59). Bu özellikler ağırlıklı olarak 1960 ve sonrası ortaya çıkan sanat akımlarında ve geleneksel kalıpların dışındaki sanat formlarında açıkça görülmektedir.

Postmodern Sanat

20. yüzyılın ortalarıyla beraber sanat dünyasında yaşanan önemli diğer bir değişiklik de sanatın merkezinin Avrupa'dan (özel olarak Paris'ten), Amerika'ya (özel olarak New York'a) kaymış olmasıdır. Salvador Dali, Andre Breton, Yves Tanguy, Max Ernst, Kurt Seligmann ve Andre Masson bu değişim sürecinde New York'a giden sanatçılardan bazılarıdır (Fineberg, 2014: 21). Dolayısıyla, özellikle İkinci Dünya Savaşı sonrası süreçte ortaya çıkacak olan pek çok akım yeni dünya Amerika menşeli olmuştur.

Yeme-içme teması açısından düşünüldüğünde, 20. yüzyılın ikinci yarısından sonra değişen sanat anlayışıyla birlikte, farklı biçim ve malzeme kullanımlarıyla ortaya çıkan en önemli sanat akımlarının başında Pop Art gelmektedir. Aşkın bir *ben* vurgusu olan Soyut Ekspresyonizm'e karşı bir tepki olarak doğan Pop Art, 1950-1960'lı yıllarda her ne kadar önce İngiltere'de ortaya çıksa da *yeni dünya*nın sanat merkezi olan Amerika'da tanınarak popüler hâle gelmiştir. Kitle iletişim araçlarının yaygınlaşmasına bağlı olarak dünyanın küçülmesinin ve bilgiye ulaşım imkânlarının gelişmesinin Pop Art'ın ortaya çıkmasına zemin hazırladığı söylenebilir. Ayrıca Pop Art ile döneminin yapısalcı düşünce ekolü arasında ciddi bir bağlantı bulunmaktadır. Yapısalcı düşünce, herhangi bir mitin bireysel bir yorumundan ziyade kendi yapısına odaklanırken; Pop Art görüntüleri doğada göründükleri özel bağlamlarının dışında, bağımsız göstergeler olarak ele almıştır (Fineberg, 2013: 230). Bu durum, görünenin istenildiği gibi yeniden yorumlanmasına da imkân tanımaktadır. Bu yorumlama (ve bir bakıma dönüştürme özgürlüğü) popüler kültürün ürünü olan yemek ürünleri için de geçerlidir. Zira 20. yüzyılla beraber ortaya çıkan tüm sanat akımlarının aksine, popüler kültürü dışlamayan ve sanata malzeme eden Pop Art sanatçıları, yeme-içme temalı çok sayıda iş[62] yapmıştır. Bu çalışmalardan en bilinenleri, kuşkusuz dönemin en popüler sanatçısı Andy Warhol tarafından yapılmıştır. Örneğin sanatçının serigrafi tekniğinde yaptığı *Çorba Konserveleri*, hem kendisinin hem de dönemin simge çalışmalarından biridir. Bu işinde olduğu gibi, popüler kültür içinde yığınlar hâlinde bulunan tüketim metalarını seri üretim mantığıyla çoğaltarak sıradanlaştıran Warhol'un hamburger yediği bir video kaydı da sanatçının aynı yaklaşımın ürünü olan başka bir işidir. Sanatçı bu videoda; tüketim nesnesi ve sanat arasındaki mesafeyi *hamburger yeme* üzerinden göstermeye çalışmıştır.

Bu dönemin kayda değer sanatçılarından bir diğeri olan Claes Oldenburg ise objelerin özgün kimliklerini sarsmasıyla tanınmıştır (Fineberg, 2014: 187). Oldenburg'un alçıya batırılıp tel örgüden kasnağa geçirilmiş müslinle yapılarak boyanmış *Moda Turta*, sünger, karton kutu ve branda ile yapılmış *Katlı Pasta*, porselen üzerine sıkıştırılmış tuval bezi ve boya ile yapılmış *Krepler ve Sosisler* ile yine sıkıştırılmış tuval bezi ile yaptığı *Zemin Burger* adlı çalışmaları, gerek boyutları gerekse kullanılan malzemeler açısından, yeme-içme kültürü ve sanat ilişkisi dâhilindeki malzeme tercihi değişikliğine güzel örnekler oluşturmaktadır[63]. Claes Oldenburg bu çalışmalarıyla; gündelik yaşamın vazgeçilmezi hâline gelen popüler imgelerin, tüketim toplumu içerisindeki yeni konumunu ortaya koymaya çalışmıştır. Oldenburg'unkilere benzer çalışmalar yapan bir diğer sanatçı Duane Hanson'dur. Hanson'un yaptığı çok sayıda heykel çalışması içerisinde *Supermarket Lady* adlı iş, popüler kültür üzerine, diğer Pop Art sanat-

---

62   Postmodern dönem ve sonrasındaki sürece ait çalışmalar-sanat eserleri için kullanılan genel tabir.

63   Yumuşak heykel olarak da değerlendirilen bu çalışmalardan Katlı Pasta 1.48x2x9x1x48; Zemin Burger ise 1.32x2.13x4.00 m ölçülerinde idi.

çıları ile benzerlikler gösteren göndermelere[64] sahiptir. Bu iki sanatçının çalışmalarından hareketle, yeme-içme temasının Pop Art ile beraber hem popüler kültürden (ya da emperyalizmden) beslenen hem de popüler kültürü eleştirebilen bir mahiyet kazandığı söylenebilir.

Bütün bu işlerden hareketle denilebilir ki; Pop Art sanatçıları, yaratıcılıklarına konu aldıkları ve çoğunlukla gündelik yaşama ait olan nesneleri, kendi maddesel gerçeklikleriyle sunarken aslında içinde yaşadıkları çağın da bir eleştirisini yapmışlardır. Bu eleştiri basit olarak; kapitalizmin yükselişe geçerek küresel pazara ayrım gözetmeksizin her sınıftan insanı dâhil etmek için yarattığı popüler kültürün eleştirisidir. Çünkü daha baştan planlı-programlı olarak oluşturulan bu kültür aynı zamanda seri üretim mantığıyla işlenmiş ve tek tipleştirilmiş bir tüketim kültürüdür. Bu tüketim kültürünün yeme-içme ile ilgili pratiğini postmodern bir davranış biçimi olarak yorumlayan Francalanci'ye göre:

"Tam anlamıyla uygarlık haline gelmiş olan bu kültürün, bir toplumun ıralayıcı ve tersinmez görüngüsü olarak, öğeleri ya loisire ya da askerliğe ait olan, yol(culuk) ve taşıma gıdalarıyla, yani işlenmiş, blister, kutulanmış, paketlenmiş, kullanıma hazır vb. gıdalarla da bağlantısı vardır. Artık, yemek yeme törenini yerine getirmek için, ayakları bir masanın altına sokmaya gerek yoktur, çünkü herhangi bir yer amaca uygundur" (Francalanci, 2006: 119).

Bu nedenle Pop Art sanatçıları, yeme-içme teması açısından (kendi eleştirilerini de içlerinde barındırmakla birlikte) klasik anlamından yoksun ve popüler yemek tercihlerini konu alan çalışmalar ortaya koymuşlardır. Bu çalışmalar; yeme-içme teması açısından kuşkusuz, kendi gerçek değerleri üzerinden kültürel ve estetik kodların değiştiği bir döneme ve zamansal farkındalığa vurgu yapmalarıyla, kendilerinden önceki yeme-içme temalı çalışmalardan ayrılmaktadırlar.

---

64 Bu sanatçıların eserlerindeki yeme-içme materyallerini tüketim kültürü özelinde değerlendirmeden yorumlamak mümkün değildir. Bu konu hakkında ayrıntılı bilgi için bkz. Mehmet Susuz (2017). *Göstergebilim Bağlamında Tüketim Kültürü ve Sanat: Enstalasyon*, Ondokuz Mayıs Üniversitesi Eğitim Bilimleri Enstitüsü, Yayınlanmamış Doktora Tezi, Samsun.

1960'ların sonlarına doğru ortaya çıkan Feminist Sanat hareketinde de, *sanat yapan erkek-zanaat yapan kadın* tanımlarını yapı bozumuna uğratmak amacıyla, yeme-içme temasına ilişkin pek çok bireysel ya da kolektif çalışmaya imza atıldığı görülmektedir. Body Art denilen süreçle de ilişkilendirilen feminist sanat, öfke-şiddet gibi kavramlarla da sıklıkla ilişkilendirilmiştir. Bununla birlikte, pek çoğuna göre feminist hareketin amacı erkek egemen sanat dünyasında yer almak olarak algılansa da hareketin esas amaçlarından biri[65], sanat tarihinin bütüne yönelik bir kavrayışın ve eleştirinin parçası olmaktır (Antmen, 2014: 79). Bu hareketin sanatçılarından Judy Chicago'nun üçgen bir sofra düzeninden oluşan *Yemek Daveti* adlı kolektif çalışması, özellikle baskı ve başarı ikilemini merkeze alan, aynı zamanda cinsel çağrışımlar da yapan yeme-içme temalı önemli bir eserdir.

Yine 1960'ların sonuna doğru ortaya çıkan, klasik sanat eseri biçimlerinin dışında bir sergileme ve görünüm sunan sanat türlerini tanımlamak için kullanılan (Hodge, 2016: 180), kökeni Duchamp ve Dada'ya dayandırılan *Kavramsal Sanat*'ta da yeme-içme temalı çalışmalara rastlamak mümkündür. Bu eserler içerisinde Piero Manzoni'nin *Artist Dışkısı* oldukça etkileyici bir eserdir (Fotoğraf 13). 1961 yılında, her birine otuzar gram dışkı koyarak satışa çıkardığı 90 adet konserveden oluşan bu çalışma, protest bir duruşu alışılagelmedik bir anlayışla yansıtmasının yanında, Andy Warhol'un *Çorba Kutuları*'ndan sonra bir popüler kültür ürününün yeme-içme faaliyeti özelinde farklı bir bakış açısıyla (yeniden) yorumlaması bakımından önemlidir.

Popüler kültüre ait bir yeme-içme nesnesini kavramsal çerçevede ele alan diğer bir sanatçı Jasper Johns'dur. Johns, *Bronz Bira Kutuları* adını verdiği işinde, iki adet bira kutusunu boyayarak bir sanat eserine dönüştürmüştür. Sanatçı bu işinde bronz döküm bir kaide üzerine yerleştirerek aynı renge boyadığı bira kutularıyla, *sanat eseri mi yoksa gerçek bira kutusu mu?* sorusu üze-

---

65	Feminist harekete ait manifestolar için bkz Ali Artun (2013). *Sanat Manifestoları*, İstanbul: İletişim Yayınları.

rinden izleyicide bir tereddüt yaratmakta ve sanat eserinin aslında ne olduğunu (bir bakıma) sorgulatmaktadır.

John Latham'ın *Sus ve Çiğne: Sanat ve Kültür* adlı çalışması, kavramsal sanat dâhilindeki yeme-içme faaliyetine getirdiği boyut itibariyle dikkat çekicidir. Latham, yarı zamanlı çalıştığı okulun kütüphanesinden aldığı Clement Greenberg'in bir başyapıt olarak kabul edilen Sanat ve Kültür adlı kitabının sayfalarını öğrencilerine çiğneterek hamur hâline getirmiş daha sonra asitle onu damıtarak şişelemiştir (Hodge, 2016: 118). Bugün bir çanta içerisinde şişeler ve kütüphane ile olan yazışma evrakları ile beraber sergilenen çalışma, biçim ve öz ilişkisine çok farklı bir açıdan bakılarak yapılmış önemli bir yorumlamadır.

Bir yorumlama olarak zikredilebilecek etkileyici bir diğer çalışma ise Çinli sanatçı Ai Weiwei'nin *Neolitik Dönem Vazo (MÖ 5000- 3000)'su*dur. 20. yüzyılın en güçlü yüz sanatçısından biri kabul edilen Ai Weiwei'nin toprak vazosu, üzerinde yer alan popüler bir imge olan *Coca Cola* logosu ile dikkat çekmekte ve popüler kültür eleştirisini geleneksel formlar üzerinden etkileyici bir şekilde izleyiciye sunmaktadır. Ai Weiwei'nin diğer bir önemli çalışması da *Ay Çekirdekleri*'dir. Yaklaşık sekiz milyon porselen ay çekirdeğinden oluşan ve büyük bir halı görünümünde olan bu çalışma, Çin'in geleneksel bir sanat faaliyeti ile zorlu çalışma şartları arasında (sanat, zanaat ve kapitalizm özelinde) bir ilişki kurma amacı gütmektedir.

Barselona Çağdaş Sanatlar Müzesi'nde, farklı türlerde yapılmış çeşitli yeme-içme temalı çalışmalar bulunmaktadır. Bu çalışmalar içerisinde İspanyol sanatçı Antoni Miralda'nın müzede sergilenen ve Judy Chicago'yu anımsatan tarzdaki enstalasyonu dikkate değerdir. Bir masada yer alan farklı uluslara-kültürlere ait paketlenmiş ve bozulmuş servislerden oluşan *Vatansever Ziyafet* adlı bu çalışma, yemek kültürü, ülke, halk ve siyaset ilişkisi bakımından dikkat çekici göndermeler ihtiva etmektedir.

Çağdaş sanatçılarından Tom Friedman'ın, kavramsal işler ortaya koyan diğer sanatçılarda olduğu gibi görünürde pratik bir karşılık bulamayan ama bir *yokluk* olarak yeme-içme temasını konu alan çalışması da son derece ilginçtir. *Unvansız (Sinek)* çalışmasında Tom Friedman, büyük beyaz bir tuvalin bir köşesine tek bir sinek resmi yapmıştır. Bütün öteki görüntüleri ortadan kaldırıp tablonun yüzeyine bir sinek konmuş gibi resmeden Friedman, yiyeceklerin tamamen tüketilmiş olmasına rağmen özentici bir sineği, zamanın yıkıcı geçişini göstermek için tuval üstünde başıboş durdurmak suretiyle tuvali ölü doğalı bir masaya dönüştürmenin mükemmel çelişkisine ulaşmıştır (Francalanci, 2006: 108).

Hem pop hem kavramsal sanatın çeşitli özelliklerini bünyesinde barındıran Yeni Gerçekçilik akımında ise yeme-içme teması, akımın önemli sanatçılarından Daniel Spoerri'nin doğrudan anlatım olanaklarını kullanılarak yaptığı çalışmalarıyla en üst düzeye temsil alanı bulmuştur (Fotoğraf 14, 15). Sanatçı, 1959 yılında Dada'dan esinlenerek doğrudan yeme-içme pratikleriyle ilgili bir sanat anlayışı olarak ortaya çıkan ve Eat Art olarak adlandırılan akıma da isim babalığı yapmıştır.

Yemek Sanatı anlamına gelen Eat Art, sanatın geleneksel değerlerini yıkarak bundan zevk alma anlayışını güder. 1959'da Yeni Gerçekçilik ve Fluxus gibi akımlara yakınlığı ile bilinen İsviçre kökenli Romanyalı Daniel Spoerri, kendi seçtiği sanatçılar olan Warhol, Beuys, Arman, Gerstner, Brecht, Lindner, César ve Rot'a, çikolata, marzipan, ekmek gibi çok sayıda besin maddesi ürettirmiştir. Üretilen bu nesneler 1970'de Düsseldorf'ta Eat Art Galerisi'nin ve *Spoerri Lokantası*'nın açılışında Eat Art ürünler olarak sunulmuştur. Sanatçılar bazen yenilebilen bazen de yenilemeyen besin maddelerini birer iş olarak bu etkinlikte sergilemişlerdir. Daniel Spoerri'nin isim babası olduğu Eat Art merkezli bu çalışmalar, muhatabını yeme-içme pratiği açısından çağdaş sanatın performatif ve deneyime dayalı alanına kaydırmıştır. Özellikle 1990'lı yıllardan itibaren yeme-içme konusunun bir amaç ya da araç olarak aksiyona dayalı sanat hareketlerinin bir parçası olarak performatif etkinliklerle sıklıkla bir deneyime dönüştürüldüğü görülmektedir[66].

---

66 Eylemi merkeze alan tepkisel bir tavra sahip olan performansa dayalı sanat faaliyetlerinin öncü uygulamaları 20. yüzyılın başlarına, I. Dünya Savaşı öncesine kadar gitmektedir. Ayrıntılı bilgi için bkz. Göknur Gürcan (2015). *Performans Sanatı*, İstanbul: Tekhne Yayınları.

Fransız eleştirmen Nicholas Bourriaud Nesnelerin Estetiği adlı kitabında, sanat, sanatçı, izleyici ve yapıt ilişkisinin değişimi ile ilgili olarak şunları vurgulamıştır:

Sanatta performansa dayalı izleyici-yapıt ve sanatçı arasındaki karşılıklı eylem, bir aradalık ve ilişkisellik kavramlarının doksanlı yılların sanatı üzerinde son derece belirleyici olup, bunun altında bir toplumsalın işleyişine dair bir eksiklik yatmaktadır. Kapitalist düzen çağdaş dünyada insan ilişkileri açısından deneyimi ve katılımı olanaksız kılmıştır. Bu nedenle 1990'ların çağdaş sanatçılar toplumsallık anlarını bir sanat yapıtı olarak görmüşler, birlikte var olabilme olasılığını da sanat yapıtının ana temasına dönüştürmüşlerdir. Böylelikle sanatta katılımcı bir estetiği mümkün kılmışlardır. (Bourriaud, 2005)[67]

Bu alanda, katılımcı ya da ilişkisel bir estetiği gerekli kılan çalışmalarıyla Felix Gonzalez-Tores önemli bir yer tutmaktadır. Sanatçının cinsel tercihi ve biyografisinin uygun bir parçası olarak günümüzde New York Modern Sanatlar Müzesi'nde sergilenen *İsimsiz* adlı çalışması yeme-içme pratiğinden hareketle yapılmış selofana sarılmış 136 kilogram şekerden oluşmaktadır. Kırmızı, mavi ve beyaz renklerin kullanılması bir bakıma Amerika bayrağını sembolize eden ve azaldıkça takviye edilerek aynı kilograma tamamlanan çalışma; farklı duyulara birlikte hitap etme, tat alma, bitme ve ölüm gibi konulara temas eden dünyaya ilişkin bir alegori olarak kabul edilir (Hodge, 2016: 36).

Performans sanatçılarının büyük bir çoğunluğu, bedensel dayanıklılıklarının sınırlarını zorladıkları ve bedene yaşattıkları acı ile süreci soyutladıkları çalışmalar yapmışlardır. Bir performans sanatçısı olan Vito Acconci'nin boş bir galeride çırılçıplak soyunup kendisini ısırmak suretiyle vücudunda oluşturduğu izlerden oluşan performansı, bir bakıma kendisini yeme çabası ya da yiyememe mücadelesi olarak yorumlanabilir. Şüphesiz, pek çok metaforik anlatım barındıran bu canlı ısırma performansı, Freud'un söylediği gibi, *bilinçaltımızdaki saldırganlık dürtümüzle*

---

67 Bu kısım doğrudan bir alıntı olmayıp, kitabın genelinde vurgulanan bir farkındalık olduğu için sayfa numarası verilmemiştir.

alakalı olabilir[68]. Bununla birlikte performans, Antik mitoloji kaynaklı olan ve Ortaçağ ile Barok Dönem Avrupa resminde pek çok örneği bulunan *Kronos'un Çocuklarını Yeme* sahneleri ile de dolaylı bir benzerlik arz etmektedir.

Görüldüğü üzere, 1960'larla beraber başlayan ve özellikle 1990 sonrasında yoğunlaşan, ilişkiselliğe ve kamusal alana dayalı işler, farklı türde uygulamaları içermektedir. Bu pratiklerin deneysel yapısı, izleyicilerin doğal ortamda bulunması ve izleyicilerin sosyalleşme sürecine aktif katılımının olması, işlerin ortaya çıkış gayesi açısından müşterek bir payda oluşturmaktadır.

Katılımı önceleyen uygulamalar içerisinde kamusal alanda sanat pratikleri de önemli bir yer işgal etmektedir. Kamusal alanda gerçekleştirilen uygulamalar içerisinde, yemek pişirmenin farklı bir aktiviteye (sanata) uyarlanması sadedinde, yemek performansına dayalı faaliyetler özel bir grup oluşturacak kadar çoktur. Bu kertede, özellikle Rirkrit Tiravanija'nın *Sanatı Pişiren Aşçıyım* sloganıyla yaptığı çalışmalar dikkat çekicidir. Yeme-içme faaliyetinin tam olarak yemeğin kendisine evrildiği bu kamusal sanat pratikleri, yeme-içmenin biyolojik olduğu kadar bir araya getirme (sosyolojik) misyonuna da vurgu yapmaktadır. Yemek yemenin bir araya getirici yönünü vurgulayan diğer bir önemli çalışma ise Sarkis'e aittir. 1994 İstanbul Bienali'nde sergilediği *Pilav ve Tanışma Yeri* adlı çalışmasında Sarkis, Çukurcuma'dan aldığı bir kazanı oturma alanının ortasına yerleştirmiştir (Okan, 2012: 30). Çalışma, bienalin bir araya gelme, yemek yeme ve sohbet etme alanı olarak etkinlik boyunca hizmet vermiştir.

Yeme-içme faaliyetinin özü itibariyle kendisine evrildiği bu süreç denemeleri içerisinde Anton Vidokle'nin performansından da bahsetmek gerekmektedir. Anton Vidokle'nin sıra dışı bir performans denemesi olan *Akşam Okulu* girişimi, yeme-içme faaliyeti ve sanat ilişkisinin geldiği noktayı göstermesi bakımından oldukça önemlidir. Eğitime önem veren bir kişiliği olan Vi-

---

68   Ayrıntılı bilgi için bkz. Sigmund Freud (2018). *Bilinçsizlik ve Psikanaliz*, (Çev. Emir Aktan), İstanbul: Tutku Yayınevi.

dokle, önce Berlin'de başlattığı daha sonra New York'ta devam ettirdiği ve bir sinerji oluşturma kaygısı güden seminerler dizisini, bir yemekli sohbet şeklinde cereyan ettirmiştir. Bir yemek masası etrafında kalabalık bir grupla beraber şekillenen ve bu yönüyle İsa'nın Son Akşam Yemeği tasvirlerini hatırlatan bu performanslar, yemek faaliyetinin toplumsal yönünü de vurgulaması bakımından ilginçtir. Anton Vidokle'nin bu performansı dışında, *Son Akşam Yemeği*nden esinlenilerek meydana getirilmiş çok sayıda kavramsal iş mevcuttur.

Tuval üzerine akrilikle yaptığı ve *Son Ziyafet* adını verdiği resminde Çinli sanatçı Zhang Hongtu, Leonardo Da Vinci'nin *Son Akşam Yemeği* freskindeki kurguyu merkeze almış ama İsa'nın yerine Mao Zedong'u yerleştirmiştir (Fotoğraf 16). Sanatçı bu uygulamayla son akşam yemeğinin ikonik olarak taşıdığı kutsallıktan istifade etmiş, aynı zamanda değişen dünyaya bağlı olarak kutsal figürlerin de değişimine işaret etmiştir.

Son Akşam Yemeği temalı işlere imza atan çok sayıda fotoğraf sanatçısını da 1990 sonrası süreçte görmek mümkündür. Bunlardan Abigail O'Brien, *Yedi Kutsal Sergi* ismini verdiği çalışmasında, Katolik evlilik törenlerini konu alan yedi adet fotoğrafın ön kısmına yerleştirdiği dikdörtgen, boş bir yemek masasıyla (nesneyle), son akşam yemeğine göndermede bulunurken (Fotoğraf 17); Carrie Mae Weems, *Mutfak Masası Serisi* adını taşıyan çalışmasıyla *Son Akşam Yemeği* yorumlamalarına[69] bir kadının gündelik hayatı üzerinden bambaşka bir mana katmaya çalışmıştır (Fotoğraf 18).

21. yüzyıl, muhalif ve provokatif bir mahiyet taşıyan sanatın illegal bir kimliğe de büründüğü dönemdir. Özellikle Meksika'da sokak sanatı olarak ortaya çıkan, daha sonra ise tüm büyük metropollerde uygulanma alanı bulan grafiti, bu çerçevede zikredilmesi gerekli önemli bir sanat hareketidir. Grafitti dışın-

---

69 Son Akşam Yemeği tasvirleri, özellikle Leonardo Da Vinci'nin meşhur çalışmasının yorumlarından oluşan çok zengin bir çeşitliliğe sahiptir. Sofranın bazen birleştirici bazen ayrıştırıcı bazense protest yönüne vurgu yapan bu çalışmaların bütünü hakkında ayrıntılı bilgi için bkz. Figen Girgin (2018). *Çağdaş Sanat ve Yeniden Üretim*, İstanbul: Hayalperest Yayınları, s. 111-143.

da işlere de imza atan Jean Michel Basquiat ayrı tutulacak olursa, grafiti sanatının kimliğini değiştiren ve bir bakıma (kimliği hâlen bilinmese de), onun anonim olma özelliğini kaybettirerek tahmin edilemeyecek şekilde popülerleştiren kişi Banksy'dir[70]. Banksy'in çoğu sansasyonel olan ve daha çok siyasi-politik olarak değerlendirilen işlerinde, nadiren de olsa yeme-içme temasının kullanıldığı görülmektedir. Bu çalışmalarından biri, sanatçının az bilinen çalışmalarından olan ve 2008'de New York'ta açtığı sergide yer alan *Animatronik Tavuk Butları* adlı işidir (Fotoğraf 19). Bu çalışmayla Banksy, kendisini meydana getiren *fast-food*tan beslenmeye çalışan iki adet başkalaşım geçirmiş tavuk buduyla, fast-foodun zararları-sonuçları üzerine ilginç bir göndermede bulunmuştur. Sanatçının yeme-içme nesnesine yer verdiği bir başka işi ise Pulp Fiction filmini tiye aldığı ve sonrasında baskılarının yüklü meblağlara satıldığı grafitisidir (Fotoğraf 20). Filmden alıntılanan bir sahnenin resmedildiği grafitide Banksy, Samuel L. Jackson ve John Travolta'nın ellerindeki silahlar yerine muz yerleştirmiştir.

İtalyan Sanatçı Maurizio Cattelan'ın *Duvara Asılmış Bantlı Muz* isimli çalışması, muhtemelen bir yeme-içme nesnesinin sansasyonel bir çalışmaya konu olduğu son örnektir. Cattelan'ın Miami'deki Art Basel'de 2019 yılında sergilenen çalışması, duvara gri bir batla yapıştırılmış gerçek bir muzdan oluşmaktadır. Üç örnek olan çalışamadan biri, sergi sırasında performans sanatçısı olan David Datuma tarafından, *Aç Sanatçı* adını verdiği bir performansla yerinden alınarak yenmiştir (Fotoğraf 21). Diğer örneklerden birinin 120.000 dolara satıldığı bu çalışma[71], özellikle çağdaş sanat üzerine yapılan eleştirileri bambaşka boyuta getirmesinin yanında, çalışmanın merkezinde, kölelik, evrim, konfor ve cinsellik gibi olgu ve değerleri yan anlamlayan bir gıda ürününün yer alması bakımından da dikkat çekicidir.

---

70   Banksy'nin hayatı ve işleri hakkında ayrıntılı bilgi için bkz. Will Elisworth-Jones (2015). *Banksy Duvarın Ardındaki Adam*, (Çev. Esra Ermert), İstanbul: Hayalperest Yayınları.

71   https://www.theguardian.com. Erişim Tarihi: 6 Aralık 2019.

Gastroart

Sıcak yemek servisi yapılan müesseslerin genel adı olan
restoran, ismini, 1765 senesinde Fransa'da açılan ve çorba ile
sıcak yemek servisi yapılan mekânın camındaki *Venite ad me
omnes qui stomacho laboritis et ego vos restaurabo*[72] cümlesinden
almaktadır (Katırcı, 2020: 155). Burada *canlandırmak* anlamına
gelen *restaurabo* kelimesinden evrilen restoran (Fransızca res-
taurant), daha sonra tüm benzer mekânların genel adı olarak
kullanılmaya başlanmıştır. Buradan hareketle, öncü uygula-
maları çok daha eskilere gitse de klasik manasıyla restoranın
18. yüzyıl ikinci yarısında Fransa'da ortaya çıktığı söylenebilir
(Shore, 2012: 245).

Yaklaşık 100, 150 yıllık bir geçmişi olan modern restoran
kültürü, özellikle II. Dünya Savaşı sonrasında, küresel sa-
vaşların-yıkımların son bulması, değişen ekonomik şartların
yükselttiği refah seviyesi ve buna bağlı olarak oluşan yeni sos-
yal-kültürel çevrenin etkisiyle büyük bir dönüşüm ve gelişim
yaşamıştır. Bu dönüşüm ve gelişimin bir uzantısı olarak inter-
netin yaygınlaşması ve sosyal medyanın önem kazanmasıyla
uluslararası ölçekte popülariteye ulaşan müesseseler ortaya
çıkmış, pek çok ünlü şef, başka ülkelerde yaşayan ve yemek-
lerini hiç yememiş kişilerce bilinir hâle gelmiştir. Şeflerin ade-
ta birer fenomene dönüştüğü 21. yüzyılda yeme-içme faaliyeti
sektörel olarak, açlığı gidermenin dışında kaygılar da gütmeye

---

72 İncil'deki bir ayete atıfta bulunan söz; *ey yorgun olanlar bana gelin ben
sizi canlandırırım* anlamına gelmektedir (Katırcı, 2020: 155).

başlamış, hatta bir bakıma mecbur kalmıştır[73]. Kitabın postmodern sanatla alakalı kısımlarında bahsedilen *işlerden* hareketle, günümüzde ünlü şefler tarafından estetik kaygılar güdülerek oluşturulan ve bazen farklı nesnelerin bazense yemeğe göre tasarlanmış seri üretim olmayan servis tabaklarının eşlik ettiği sunumlar da aslında yemek tabağı ve yiyeceklerin (bir bakıma) *işe* dönüşmüş şekilleri olarak yorumlanabilir. Özellikle, yemeğin sadece doyma odaklı bir tüketim nesnesi olmadığının delili olan bu servis tabakları (her ne kadar önceliği ticari bir kaygıyla doyma edimini gerçekleştirmek olsa da) belki de yakın gelecekte faklı amaçlarla gerçekleştirilecek performanslarla *gastroart* olarak adlandırılacak yeni bir hareketin-akımın öncü örnekleri olarak kabul edilebilirler (Fotoğraf 22-23). Bu bağlamda, pek çok yemeğin yapım yeri[74], yapım anı[75] ve servis hazırlıkları-sunumları da performans sanatları dâhilinde yeniden yorumlanmaya açıktır. Örneğin, Bangkoklu sokak aşçısı Supinya Junsuta'nın (Jay Fai), ilginç kıyafetleri, ekipmanları, bere ve gözlüğü ile yemek yapımını adeta bir gösteriye dönüştürdüğü sokak performansları bu açıdan dikkat çekicidir. Yemeklerini yemek dışında, sadece onu izlemek için bile çok sayıda insanın önünde kuyruk oluşturduğu 75 yaşındaki Jay Fai, geçtiğimiz yıllarda bir Michelin yıldızı alarak popülaritesini arttırmış ve adeta yemek yapmanın ve yemenin sadece doyma odaklı olmadığını kanıtlamıştır.

Gastroart kavramı dâhilinde, performansa dayalı bu faaliyetlerin dışında, restoran konseptine uygun olarak geliştirilecek

---

73 Ünlü restoranlardan sokak satıcılarına, sektördeki pek çok kişinin bir sosyal medya hesabı açarak yemek yapmayı adeta bir şova dönüştürdükleri videoları takipçileriyle paylaşmaları, bu beklentiye karşı oluşan arzın en somut delilidir.

74 Bu açıdan şef Asuman Kerkez'in bir televizyon için gerçekleştirdiği programlarda kamusal alanları ve özellikle kültürel mekânları yemek yapmak için tercih etmesi, yemek yapmayı ana bağlamının dışına çıkararak farklı bir yorum zeminine getirmeye çalışması bakımından önemlidir.

75 Ünlü Fransız şef Alain Passard yeme-içme nesnelerinden oluşan çeşitli heykel ve kolaj denemeleri yapmaktadır. Ayrıntılı bilgi için bkz. http://www.alain-passard.com/

farklı sergileme teknikleri ile müesseseler bünyesinde çeşitli sergi alanları da yaratılabilir ve pek çok farklı mekâna bir galeri kimliği kazandırılabilir. Örneklere bu zaviyeden bakıldığında, çağdaş sanat açısından günümüz gastronomi dünyasını, yakın gelecek için önemli bir üretim ve uygulama sahası olarak kabul etmek yerinde olacaktır.

Değerlendirme

Bu bölümde, 18. yüzyıl sonrası Batı sanatında yeme-içme temalı çalışmalar kendi tarihsel seyri ve dinamikleri ile bir bütün olarak ele alınmış ve bu süreçteki değişimler; dönemin şartları, sosyo-kültürel ve siyasi ortam ile teknolojik gelişmeler dikkate alınarak bir neden-sonuç ilişkisi içinde irdelenmeye çalışılmıştır.

Çeşitli referanslara başvurularak yapılan değerlendirmelerde bahsi geçen tarihsel aralık dikkate alındığında, gözleme dayalı empresyonizm, estetik ve kültürel kodları değişmiş natürmortlar yanında sosyal mekânlara (cafe-restoran) olan vurgusu; sezgilerle beslenen ekspresyonizm ise simgesel anlatım diliyle dikkat çekmektedir. Sanatta soyutlama içtepisini de barındırmalarıyla sıklıkla modern olanla anılan bu akımlar ve 20. yüzyıl başlarından itibaren sanatın önekini oluşturan *avangart* vurgusuyla yeme-içme temasının malzeme, biçim ve öz değişikliğine uğradığı görülmektedir.

Postmodern bir dönemle ilişkilendirilen 1960'lar sonrasının ise pek çok farklı sanat anlayışı özelinde; cinsellik, muhalefet, eleştiri, reddediş, kabulleniş, bir araya getirme, paylaşma gibi, çok çeşitli toplumsal konuları merkezine alan ve daha çok, kavramsal sanat çerçevesinde gelişen bir seyir izlediğini söylemek mümkündür. Bunlara ilave olarak, yeme-içme temasının Batı sanatı özelindeki seyri bir bütün olarak değerlendirildiğinde; Ortaçağ'da inancın (Katolik düşüncesi ve Antik mitoloji), 18-19. yüzyılda, siyasi ve toplumsal olayların, 20. yüzyıl başlarından itibaren bilinçaltının, 20. yüzyıl ortalarından sonra ise bilinçaltı etkilerle de harmanlanan küresel boyuttaki toplumsal hareketlerin ve bu hareketlere bağlı gelişen protest tavrın yeme-içme temalı çalışmaları etkilediği söylenebilir.

Bununla birlikte, artık kocaman bir endüstriye dönüşen gastronominin çağdaş sanatın bir kısmını yönlendirecek bir mahiyet kazanacağı da öngörülmelidir. Bu açıdan, kitapta *gastroart* olarak adlandırılan bu olası hareketin-akımın, sanat ve gastronomi ilişkisinin vardığı ya da varacağı son nokta olarak (şimdilik) kabul etmek mümkündür.

Son Söz

Görülen odur ki *yeme-içme;* tarihsel ve güncel bir pratik olarak gerçek-düşsel gibi zıtlıkları bir arada barındırabilen ve zaman-mekân açısından güçlü çağrışımları olan bir temadır. Bu nedenle sanatta da zamanla bir ilgi nesnesinden bilgi nesnesine dönüşmüştür. Dolayısıyla bu olanaklılık, tema üzerine pek çok okuma yapılmasını da mümkün kılmış ve yeme-içme faaliyetini geçmişte sanatçıların sıklıkla tercih ettiği konulardan biri haline getirmiştir.

Kuşkusuz var olan düzenlerde ele alınan bu tema, gelecekte ise var olmayan düzenlerde; pratik sonuçlarından ve görüntülerinden azade olarak ütopik bir meseleye dönüşecektir. İnsanlığın varlığına koşut olarak böyle bir gelecek tasavvur edildiğinde ise yeme-içme temasının henüz bilinmeyen ya da duyulmayan kavramlara eşlik etmesi ve yeni formlar, izlekler, anlaklar üzerinden bambaşka bir imgelem ya da tasarı gücüyle sanatçılar tarafından yeniden üretilmesi olası görünmektedir. Zira insanlığın inanmaya ve üretmeye başladığı dönemden itibaren var olan sanat, bir ifade biçimi olarak mevcut olmaya (muhtemelen) hep devam edecektir. Gastronomik nesnelerin çeşitliliği itibariyle, tarihsel süreçte farklı şekillerde ve anlamlarda sanata malzeme ve vesile olan yeme-içme temasının da sınırsızlığını hayal gücüyle ilintileyen sanatçılar için, esas anlatmak istenilenin (tinsel olanın) simge ve sembolleri olmaya devam etmesi, bu bağlamda kaçınılmazdır.

Kaynakça

Matbu

Akdeniz, Defne (2018). *Resim Sanatında Gastronomi*, İstanbul: Gece Kitaplığı.

Aiskhylos (2015). *Zincire Vurulan Prometheus*, (Çev. Azra Erhat ve Sabahattin Eyüboğlu), İstanbul: İş Bankası Kültür Yayınları.

Albustanlıoğlu, Tulga ve Güleç, Hakan (2020). "Roma İmparatorluk Dönemi Sikkelerinde Yer Alan Gastronomik Unsurlar", *Journal of Tourism And Gastronomy Studies*, C: 8, S: 1, s. 432-466.

Antmen, Ahu (2012). *Sanat Cinsiyet*, İstanbul: İletişim Yayınları.

Antmen, Ahu (2013). *20. Yüzyıl Batı Sanatında Akımlar*, Ankara: Sel Yayıncılık.

Anonim, (2017). *Gılgamış Destanı*, (Çev. Sait Maden), İstanbul: İş Bankası Kültür Yayınları.

Armstrong, Karen (2013). *Mitlerin Kısa Tarihi*, (Çev. Dilek Şendil), İstanbul: Alfa Yayınları.

Artun, Ali (2013). *Sanat Manifestoları*, İstanbul: İletişim Yayınları.

Aydın, Asiye (2005). *Yahudilik'te Kurban Fenomeni*, Erciyes Üniversitesi Sosyal Bilimler Enstitüsü Yayınlanmamış Doktora Tezi, Kayseri.

Ayaydın, Abdullah (2005). "Empresyonizm (İzlenimcilik) Akımının Güncel Bakış Açısıyla Bazı Yönlerden İncelenmesi", *Sanat Eğitimi Dergisi*, C: 3, S: 2, s. 83-97.

Baker, Ulus (2011). *Beyin Ekran*, İstanbul: Birikim Yayınları.

Baker, Ulus (2015). *Sanat ve Arzu*, (Ed. Tansu Açık), İstanbul: İletişim Yayınları.

Barret, Terry (2014). *Sanatı Eleştirmek*, (Çev. Gökçe Metin), İstanbul: Hayalperest Yayınları.

Barret, Terry (2015). *Neden Bu Sanat Çağdaş Sanatta Estetik ve Eleştiri*, İstanbul: Hayalperest Yayınları.

Batur, Enis (2016). *Rönesansın Serüveni*, İstanbul: Sel Yayınları.

Bayat, Fuzuli (2005). *Mitolojiye Giriş*, Çorum: Karam Yayıncılık.

Bazin, Germain (2014). *Sanat Tarihi Sanatın İlk Örneklerinden Günümüze*, (Çev. Selahattin Hilav), İstanbul: Kabalcı Yayınevi.

Beksaç, Engin ve Akkaya, Tayfun (1990). *Kaynak ve Kökenleriyle Avrupa Resim Sanatı*, İstanbul: Arkeoloji ve Sanat Yayınları.

Benevolo, Leonardo (1995). *Avrupa Tarihinde Kentler*, (Çev. Nur Nirven), İstanbul: Alfa Yayınları.

Benoist, Luc (1975). *Resim Tarihi*, İstanbul: Gelişim Yayınları.

Berens, M., (2011). *Antik Yunan Efsaneleri ve Mitleri*, (Çev. Nisan Benzergil), İstanbul: İlya Yayınları.

Bourriaud, Nicholas (2005). *İlişkisel Estetik*, (Çev. Saadet Özen), İstanbul: Bağlam Yayıncılık.

Boynudelik, Zerrin İren, (2017). *Bu Resim Ne Anlatıyor*, İstanbul: Bilgi Üniversitesi Yayınları.

Bürger, Peter (2017). *Avangard Kuramı*, (Çev. Erol Özbek ve Şeyda Öztürk), İstanbul: İletişim Yayınları.

Bynum, Caroline Walker (1987). *Holy Feast and Holy Fast The Religious Significance of Food to Medieval Women*, Los Angeles: University of California Press.

Can, Şefik (2011). *Klasik Yunan Mitolojisi*, İstanbul: Ötüken Yayınları.

Caludon, Francis (2006). *Romantizm Sanat Ansiklopedisi*, İstanbul: Remzi Kitabevi.

Cömert, Bedrettin (2010). *Mitoloji ve İkonografi*, İstanbul: Deki Yayınları.

Curtis, Gregory (2017). *Mağara Ressamları*, (Çev. Hilal Dikmen), İstanbul: Redingot Yayınları.

Dalby, Andrew ve Grainger, Sally (2001). *Antik Çağ Yemekleri ve Yemek Kültürü*, (Çev. Betül Avunç), İstanbul: Homer Yayınları.

Deighton, J. Hilary (2005). *Eski Atina Yaşantısında Bir Gün*, (Hande Kökten Ersoy), İstanbul: Homer Yayınları.

Deighton, J. Hilary (2002). *Eski Roma Yaşantısında Bir Gün*, (Hande Kökten Ersoy), İstanbul: Homer Yayınları.

Demirci, Kürşat (2005). *Bir Hristiyan Mezhebi Olarak Ortodoksluğun Teolojisi*, İstanbul: Ayışığı Kitaplığı.

Eco, Umberto (2016). *Ortaçağ Estetiğinde Sanat ve Güzellik*, (Çev. Kemal Atakay), İstanbul: Can Yayınları.

Eroğlu, Özkan (2016). *Bir Resme Nasıl Bakmalıyız*, İstanbul: Tekhne Yayınları.

Eliade, Mircea (2018). *Dinsel İnançlar ve Düşünceler Tarihi*, (Çev. Ali Berktay), İstanbul: Alfa Yayınları.

Farthing, Stephan (2017). *Sanatın Tüm Öyküsü*, İstanbul: Hayalperest Yayınları.

Fathy, Ehud (2017). "The Asàrotos Òikos Mosaic As An Elite Status Symbol" *POTESTAS Estudios Del Mundo Clasico e Historia Del Arte*, S: 10, s. 5-30.

Faure, Elie (1979). *Rönesans Sanatı*, (Çev. Bertan Önaran), Ankara: Kültür Bakanlığı Yayınları.

Fineberg, Jonatan (2014). *1940'tan Günümüze Sanat*, İzmir: Karakalem Kitabevi Yayınları.

Francalanci, L. Ernesto (2006). *Nesnelerin Estetiği*, (Çev. Durdu Kundakçı), Ankara: Dost Kitabevi.

Freedman, Paul (2007). *Yemek Damak Tadının Tarihi*, İstanbul: Oğlak Yayınları.

Freud, Sigmund (2018). *Bilinçsizlik ve Psikanaliz*, (Çev. Emir Aktan), İstanbul: Tutku Yayınevi.

Girgin, Figen (2018). *Çağdaş Sanat ve Yeniden Üretim*, İstanbul: Hayalperest Yayınları.

Goody, Jack (2010). *Rönesanslar*, (Çev. Bahar Tırnakçı), İstanbul: İş Bankası Kültür Yayınları.

Goody, Jack (2013). *Yemek, Mutfak, Sınıf*, (Çev. Günay Güran), İstanbul: Pinhan Yayınları.

Grimal, Pierre (2012). *Mitoloji Sözlüğü Yunan ve Roma*, (Çev. Sevgi Tamgüç), İstanbul: Kabalcı Yayınları.

Göğebakan, Yüksel (2016). "Semavi ve Pagan Dinlerde Ortak Özellik Olarak Kurban'ın Resim Sanatı İçerisindeki Yeri (Hz. İsmail/Hz.İshak'ın Kurbanı ve İphigeneai'nin Kurbanı)", *Atatürk Üniversitesi Güzel Sanatlar Enstitüsü Dergisi*, Sayı: 36, s. 58-89.

Guenon, Rene (2014). *Dante ve Orta Çağ'da Dini Sembolizm*, (Çev. İsmail Taşpınar), İstanbul: İnsan Yayınları.

Güç, Ahmet (2003). *Çeşitli Dinlerde ve İslam'da Kurban*, Bursa: Düşünce Kitabevi.

Gürcan, Göknur (2015). *Performans Sanatı*, İstanbul: Tekhne Yayınları.

Hafız, Muharrem (2015). *Kutsal Sanat*, İstanbul: Dört Mevsim Yayınları

Harari, Yuval Noah (2015). *Hayvanlardan Tanrılara Sapiens*, İstanbul: Kolektif Yayınları.

Harman, Ömer Faruk (2002). "Katoliklik Maddesi", *TDV İslam Ansiklopedisi*, C: 25 s. 55-58;

Harvey, David (2014). *Postmodernliğin Durumu*, (Çev. Sungur Savran), İstanbul: Metis Yayınları.

Herscher, Ermine (2003). *Picasso'nun Sofrası Mutfaktaki Sanat Şöleni*,(Çev. Emine Çaykara ve Şeyda Çaluk), İstanbul: İş Bankası Kültür Yayınları.

Hesiodos (2015). *Tanrıların Doğuşu*, (Çev. Furkan Akderin), İstanbul: Say Yayınları.

Hobsbawm, Eric John (2008). *Sanayi ve İmparatorluk*, (Çev. Abdullah Ersoy), Ankara: Dost Kitabevi Yayınları

Hodge, Susie (2016) *Beş Yaşındaki Çocuk Bunu Neden Yapamaz Açıklamalı Modern Sanat*, İstanbul: Hayalperest Yayınları.

Homeros (2014). *Odysseia*, (Çev. Fulya Koçak), İstanbul: Arkadaş Yayınları.

Homeros (2017). *İlyada*, (Çev. Abdullah Ersoy), İstanbul: Panama Yayınları.

Hopkins, David (2006). *Dada ve Gerçeküstücülük*, Ankara: Dost Yayınevi.

Işıksaçan, Ebru Gamze (2018). "Vanitas Natürmortta Temsil ve İmge", *Atlas International Refereed Journal On Social Sciences*, C: 4, S: 13, s. 1161-1184.

İpşiroğlu, Mazhar Şevket ve Eyüboğlu, Sebahattin (2013). *Avrupa Resminde Gerçek Duygusu*, İstanbul: Hayalperest Yayınları.

İpşirlioğlu, Nazan ve İpşirlioğlu, Mazhar Şevket (2017). *Oluşum Sürecinde Sanatın Tarihi*, İstanbul: Hayalperest Yayınları.

Jones-Elisworth, Will (2015). *Banksy Duvarın Ardındaki Adam*, (Çev. Esra Ermert), İstanbul: Hayalperest Yayınları.

Jordan, B. William (1985). *Spanish Still Life in The Golden Age*, Texas: Kimbell Art Museum Press.

Katırcı, Mehmet Emin (2020). *Kelime Köken Kelimeler, Efsaneler, Hikayeler*, İstanbul: Bilge Kültür Sanat.

Kocabıyık, Ergün (2015). *Dolaylı Hayvan*, İstanbul: Boğaziçi Üniversitesi Yayınları.

Kuspit, Donald (2014). *Sanatın Sonu*,(Çev. Yasemin Tezgiden), İstanbul: Metis Yayınları.

Leppert, Richard (2009). *Sanatta Anlamın Görüntüsü İmgelerin Toplumsal İşlevi*, (Çev. İsmail Türkmen), İstanbul: Ayrıntı Yayınları.

Moreno, Irina (2013). *The Spanish Bodegón of the Golden Age Social Significance of Foodandobjects in 17th Century Spanish Stilllifes*, London: Sotheby's Institute of Art Press.

North, Michael (2014). *Hollanda Altın Çağı'nda Sanat ve Ticaret*, (Çev. Taciser Ulaş Belge), İstanbul: İletişim Yayınları.

Okan, Berna Kaya (2012). Türkiye'de Geleneksel Sanatın Dönüşümü ve İstanbul Bienalleri, *Sosyal Bilimler Enstitüsü Dergisi*, C: 2, S: 33, s. 23-36.

Öndin, Nilüfer (2016). *Rönesans Düşüncesi ve Resim Sanatı*, İstanbul: Hayalperest Yayınları.

Öndin, Nilüfer (2017). *Rönesans ve Simya*, İstanbul: Hayalperest Yayınları.

Öztaşkın, Pınar (2011). *İtalya'da Rönesans Resim Sanatı (Boticelli)*, Erciyes Üniversitesi Sosyal Bilimler Enstitüsü Yayınlanmamış Yüksek Lisans Tezi, Kayseri.

Panofsky, Erwin (2012). *İkonoloji Araştırmaları* (Çev. Orhan Düz), İstanbul: Pinhan Yayınları.

Parco Archeologico di Pompei (2015). *Führer durch die Ausgrabungen von Pompeji*, Rome: Parco Archeologico di Pompei Press.

Passeron, Rene (1982). *Sürrealizm Sanat Ansiklopedisi*, (Çev. Sezer Tansuğ), İstanbul: Remzi Kitabevi.

Pasini, Willy (2001). *Aşk ve Yemek*, İstanbul: İletişim Yayınları.

Phillips, Sam (2016). *İzmler Modern Sanatı Anlamak*, (Çev. Derya Nükhet Özer), İstanbul: Yem Yayınları.

Remond, Rene (2016). *ABD Tarihi*, Ankara: Dost Yayınları.

Richard, Lionel (1991). *Ekspresyonizm Sanat Ansiklopedisi*,(Çev. Beral Madra, Sinem Gürsoy ve İlham Usmanbaş), İstanbul: Remzi Kitabevi.

Rosenberg, Donna (2000). *Dünya Mitolojisi* (Çev. K. Akten, E. Cengiz, A. U. Yüce, K. Emiroğlu, T. Kocayiğit, E. Kuzhan, B. Odabaşı), İstanbul: İmge Yayınları.

Roth, Martin Lenand (2002). *Mimarlığın Öyküsü*, İstanbul: Kabalcı Yayınları.

Sallan, Songül ve Boybeyi, Songül (1994). "Modernizm ve Postmodernizm İkilemi", *AÜDTCF Felsefe Dergisi*, C: 15, s. 313-323.

Schipper, Mineke (2012). *Adem İle Havva Her Yerde*, (Çev. Arlet İncidüzen), İstanbul: Ayrıntı Yayınları.

Selvi, Yeliz (2017). "Sanat'ın Öteki'ne Açılması Ya da Kamusal Alanda Sanat", *İDİL*, C: 6, S: 36, s. 2209-2232.

Serullaz, Maurice (1991). *Empresyonizm Sanat Ansiklopedisi*, (Çev. Devrim Erbil), İstanbul: Remzi Kitabevi.

Shinner, Larry (2001). *Sanatın İcadı Bir Kültür Tarihi*, (Çev. İsmail Türkmen), İstanbul: Ayrıntı Yayınları.

Shore, Elliott (2012). "Modern Restaurants and Ancient Commensality", *Journal of Ancient Studies*, C: 2, s. 243-252.

Spang, L. Rebecca (2019). *The Invention of Restaruant Paris and Modern Gastronomic Culture*, Boston: Harward Universty Press.

Susuz, Mehmet (2017). *Göstergebilim Bağlamında Tüketim Kültürü ve Sanat: Enstalasyon*, Ondokuz Mayıs Üniversitesi Eğitim Bilimleri Enstitüsü Yayınlanmamış Doktora Tezi, Samsun.

Shinner, Larry (2001). *Sanatın İcadı Bir Kültür Tarihi*, (Çev. İsmail Türkmen), İstanbul: Ayrıntı Yayınları.

Şentürk, Leyla Varlık (2012). *Analitik Resim Çözümlemeleri*, İstanbul: Ayrıntı Yayınları.

Tansuğ, Sezer (1993). *Resim Sanatının Tarihi*, İstanbul: Remzi Kitabevi.

Tapie, Victor Lucien (2011). *Barok*, Ankara: Dost Kitabevi.

Timur, Taner (2016). *Mutlak Monarşi ve Fransız Devrimi*, İstanbul: Yordam Kitap.

Tunalı, İsmail (2008). *Felsefenin Işığında Modern Resim*, İstanbul: Remzi Kitabevi.

Turani, Adnan (1975). *Sanat Terimleri Sözlüğü*, Ankara: Toplum Yayınları.

Turani, Adnan (2011). *Dünya Sanatı Tarihi*, İstanbul: Remzi Kitabevi.

Tükel, Uşun ve Arsal, Yüzgüller Serap (2015). *Sözden İmgeye Batı Sanatında İkonografi*, İstanbul: Kabalcı Yayınları.

Tükel, Uşun ve Yüzgüller Serap (2018). *Batı Sanatında İkonografi*, İstanbul: Hayalperest Yayınları.

Türker, Halil İbrahim ve Çokokumuş, Benan (2014). "Gerçeküstücülük, Rene Magritte'den Jerrry Uelsmann'a", *Sanat ve Tasarım Dergisi*, S: 13, s. 121-140.

Umberto Arte (2020). *Umberto Arte ile Sanat*, İstanbul: Destek Yayınları.

Wilson, Michael (2015). *Çağdaş Sanat Nasıl Okunur*, İstanbul: Hayalperest Yayınları

Yetkin, Suut Kemal (1968). *Büyük Ressamlar*, İstanbul: Remzi Kitabevi.

Yegül, Fikret (1994). *Antik Çağda Hamamlar ve Yıkanma*, (Çev. Emer Erten), İstanbul: Homer Yayınları.

Yılmaz, Mehmet (2013). *Modernden Postmoderne Sanat*, Ankara: Ütopya
        Yayınları.

Yılmaz, Muzaffer (2018). "Batı Resminde Yeme-İçme Konulu Sahnelerin
        Menşei Üzerine Bir Değerlendirme (Ortaçağ'ın
        Başlangıcından Barok Dönemin Sonuna Kadar)", *SDÜ Fen-
        Edebiyat Fakültesi Sosyal Bilimler Dergisi*, S: 44, s. 111-138.

Yılmaz, Muzaffer (2018). "18. Yüzyıldan Günümüze Batı Sanatında Yeme-
        İçme Kültürü", *Turkish Studies*, C: 13, S: 18, s. 1431-1464.

Çevrimiçi

Kuran-ı Kerim

https://kuran.diyanet.gov.tr/

Tanah ve İncil

https://www.kutsalkitap.org/

Ulus Baker, Bresson ve Transandantal İmaj.

http://www.korotonomedya.net/kor/index.php?id=0,243,0,0,1,0

Zeynep Kakınç, Artistic Cafe Society.

https://nattsfield.com/2017/02/13/artistic-cafe-society/

Şahıs

Cem Başeskioğlu

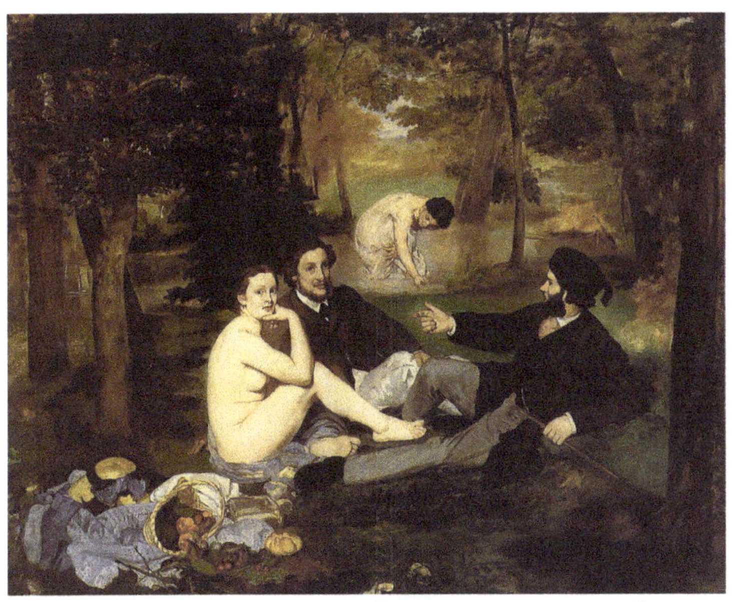

Fotoğraf 1: Edouard Manet, Kırda Öğle Yemeği, 1863, Tuval Üzerine Yağlıboya, Orsay Müzesi/Paris, (https://commons.wikimedia.org/), Erişim Tarihi: 01.04.2020.

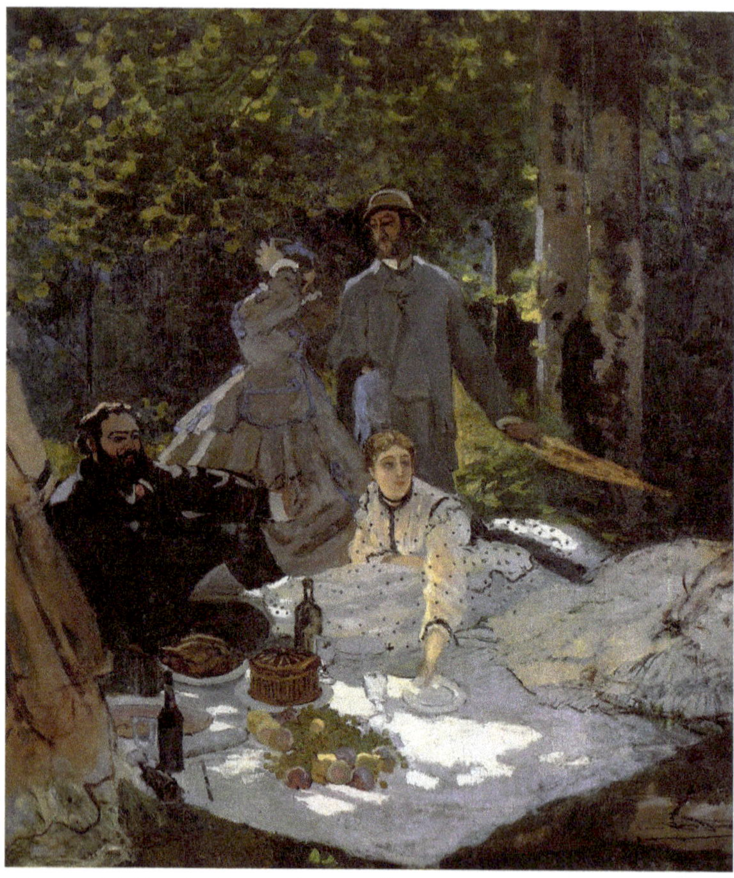

Fotoğraf 2: Claude Monet, Grass'ta Öğle Yemeği, 1866, Tuval Üzerine Yağlıboya, Orsay Müzesi/Paris, (https://commons.wikimedia.org/), Erişim Tarihi: 01.04.2020.

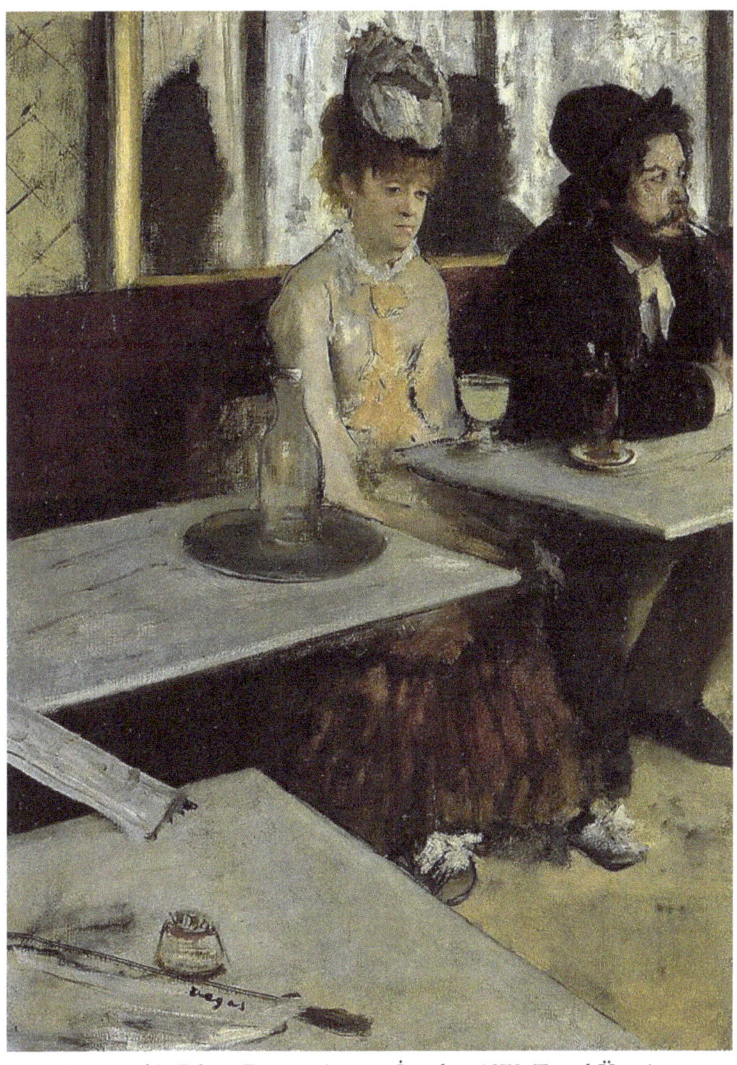

Fotoğraf 3: Edgar Degas, Apsent İçenler, 1873, Tuval Üzerine Yağlıboya, Orsay Müzesi/Paris, (https://commons.wikimedia.org/), Erişim Tarihi: 01.04.2020.

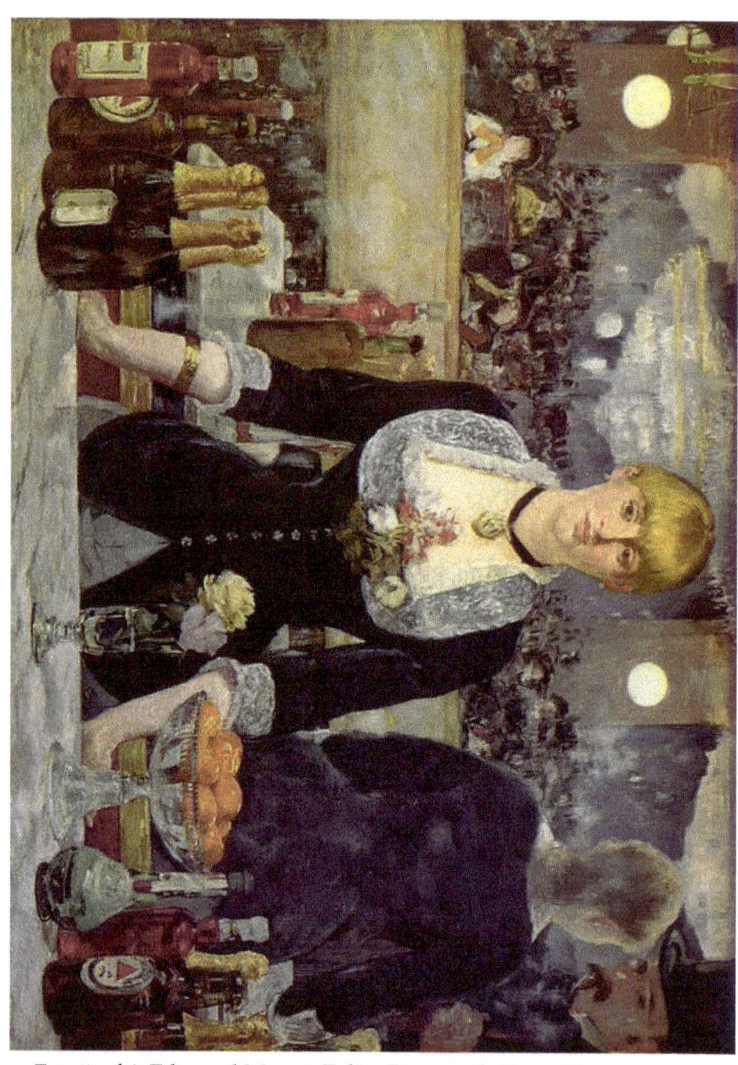

Fotoğraf 4: Edouard Manet, Folies Bergere'de Bar, 1881-1882, Tuval
Üzerine Yağlıboya, Courtauld Sanat Enstitüsü/Londra,
(https://commons.wikimedia.org/), Erişim Tarihi: 01.04.2020.

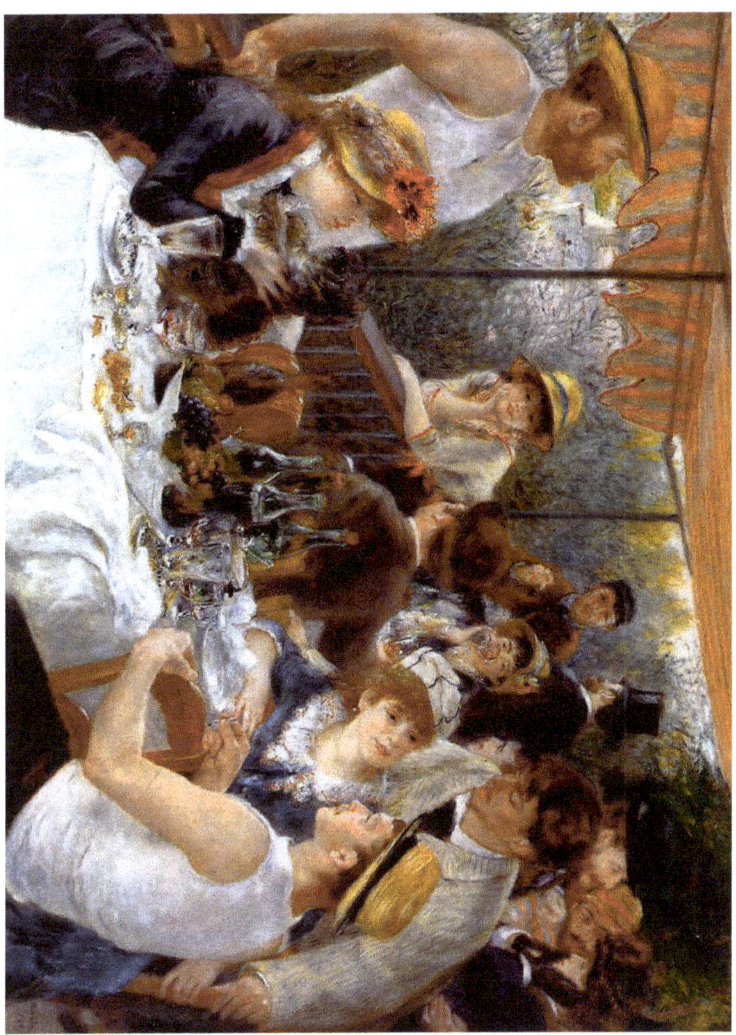

Fotoğraf 5: Pierre A. Renoir, Sandal Partisi, 1880-1881, Tuval Üzerine Yağlıboya, Phillips Koleksiyonu/Washington, (https://commons. wikimedia.org), Erişim Tarihi: 01.05.2020.

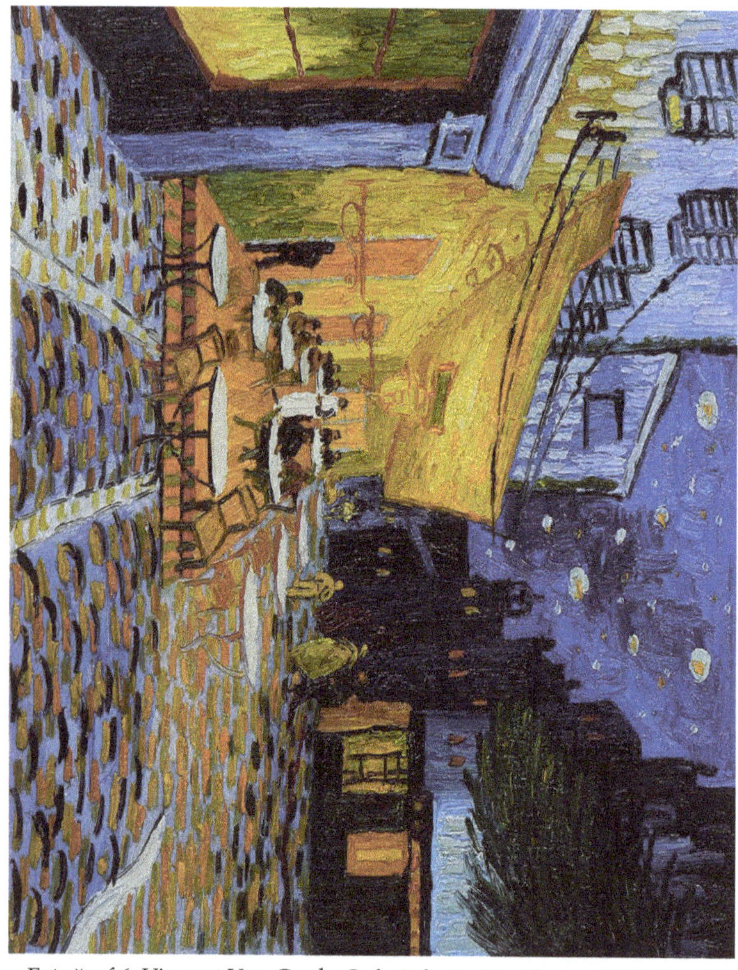

Fotoğraf 6: Vincent Van Gogh, Cafe Arles'te Bir Akşam, 1888, Tuval Üzerine Yağlıboya, Kröller-Müller Müzesi/Otterlo, (https://commons.wikimedia.org/), Erişim Tarihi: 01.04.2020.

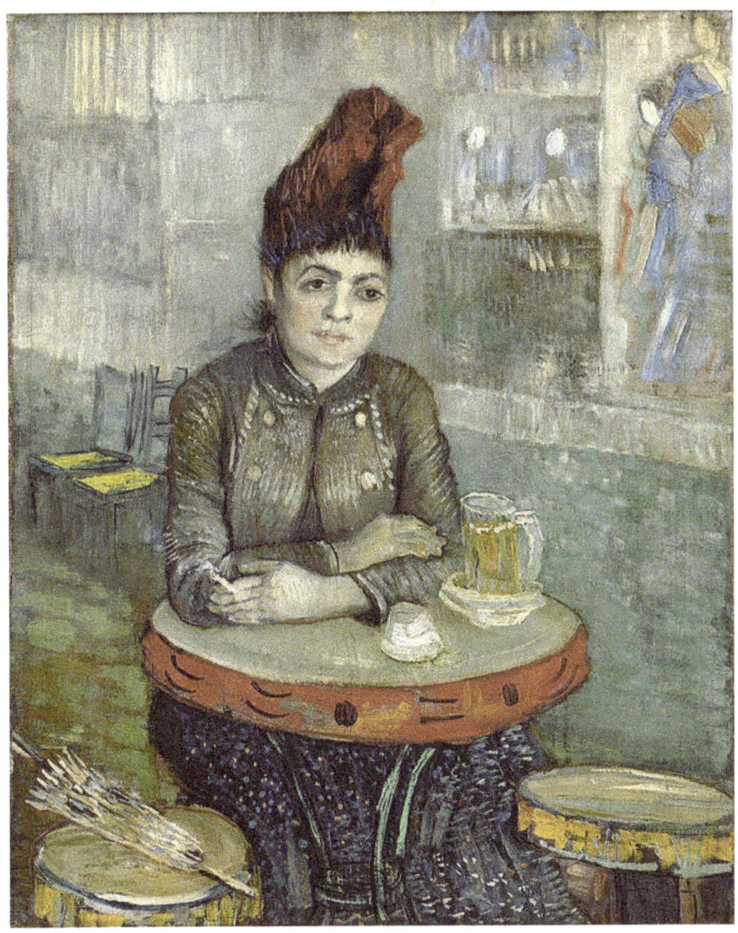

Fotoğraf 7: Vincent Van Gogh, Cafe Tambourine, 1887-1888, Tuval Üzerine Yağlıboya, Van Gogh Müzesi/Amsterdam, (https://commons. wikimedia.org/), Erişim Tarihi: 01.04.2020.

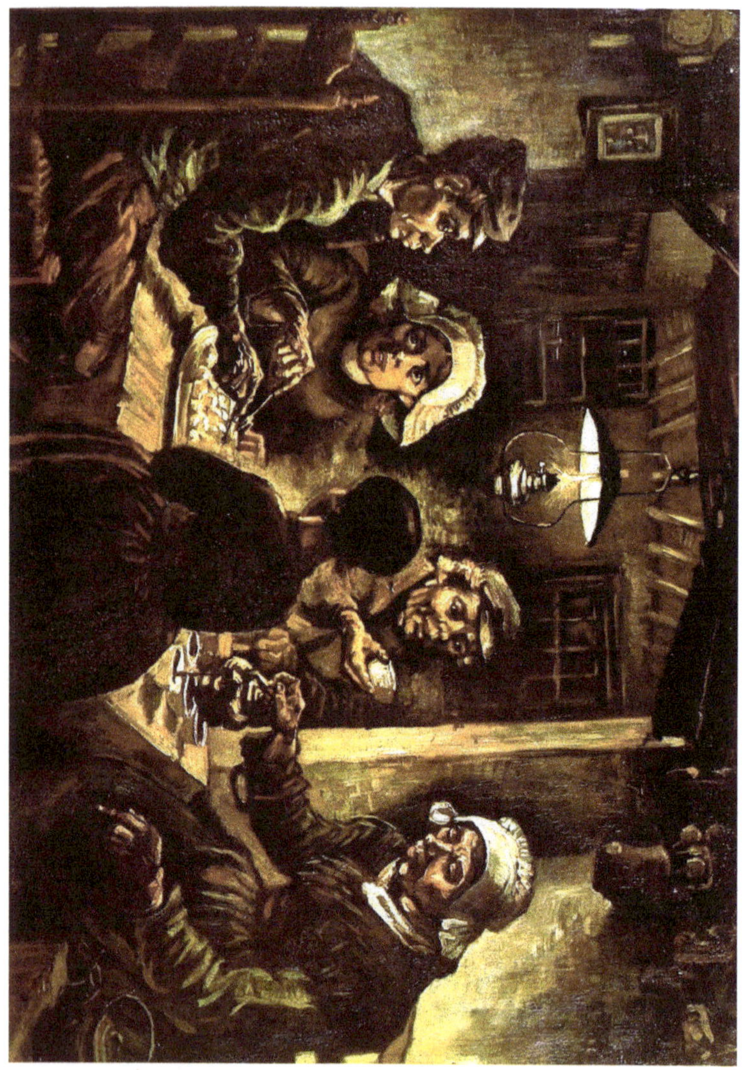

Fotoğraf 8: Vincent Van Gogh, Patates Yiyenler, 1885, Tuval Üzerine Yağlıboya, Van Gogh Müzesi/Amsterdam, (https://commons. wikimedia.org/), Erişim Tarihi: 01.04.2020.

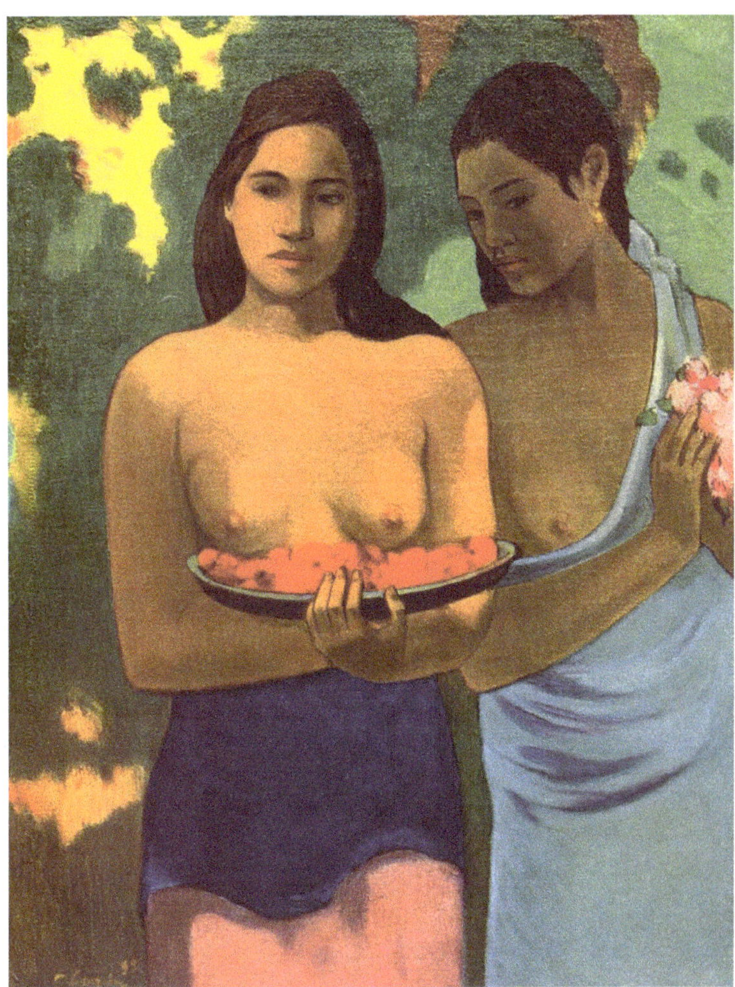

Fotoğraf 9: Paul Gauguin, Mangolu İki Tahitili Kadın, 1899, Tuval
Üzerine Yağlıboya, Metropolitan Sanat Müzesi/New York, (https://
commons.wikimedia.org/), Erişim Tarihi: 24.05.2020.

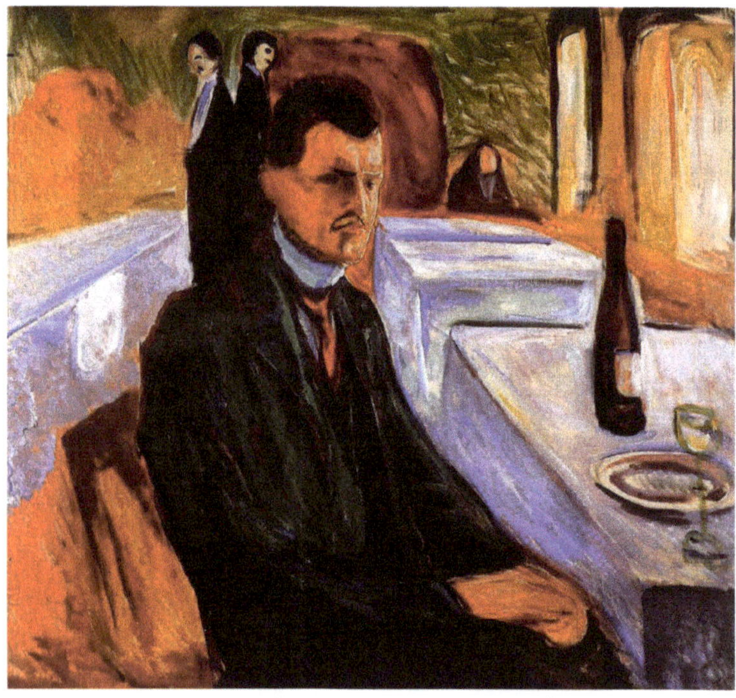

Fotoğraf 10: Edvard Munch, Oto Portre, 1906, Tuval Üzerine Yağlıboya, Munch Müzesi/Oslo, (https://commons.wikimedia.org/), Erişim Tarihi: 01.04.2020.

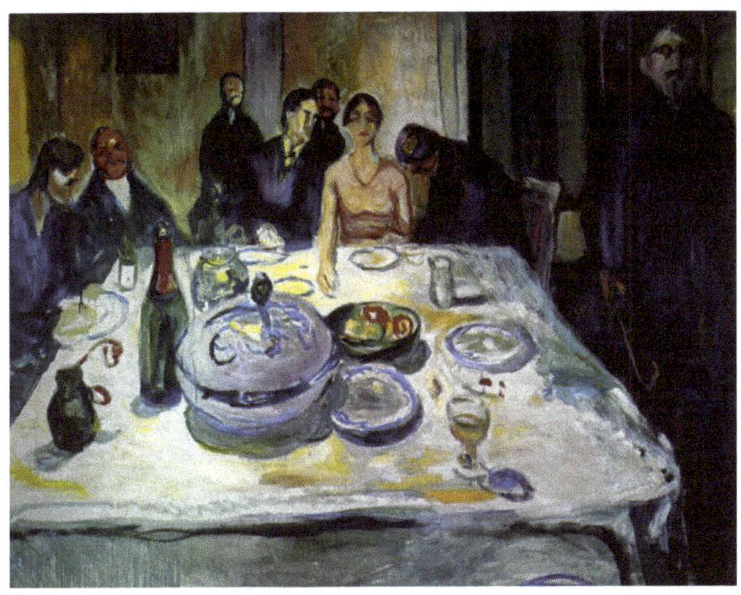

Fotoğraf 11: Edvard Munch, Bohem Düğünü, 1907, Tuval Üzerine Yağlıboya, Munch Müzesi/Oslo, (https://www.art-prints-on-demand.com/), Erişim Tarihi: 01.04.2020.

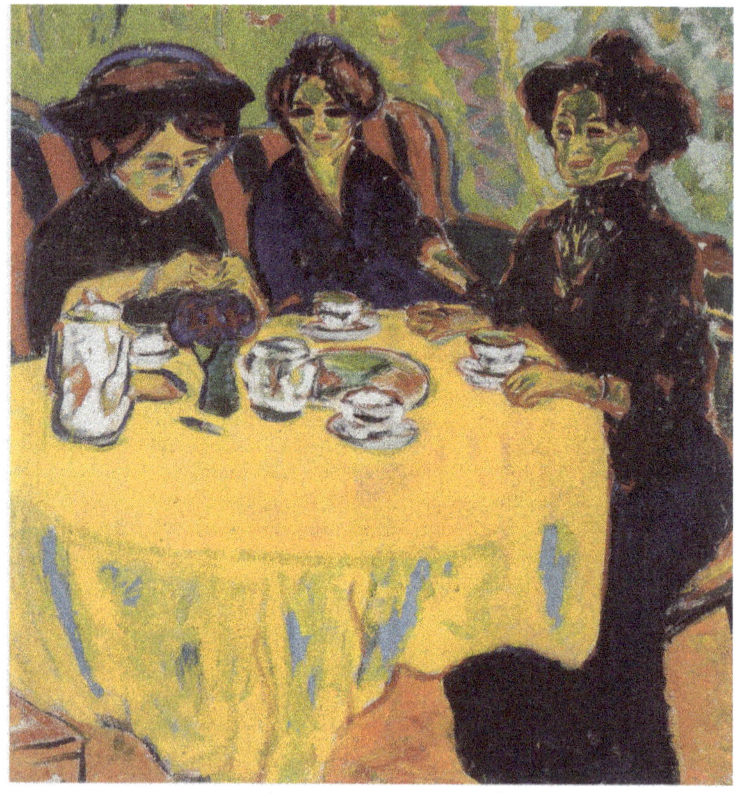

Fotoğraf 12: Ernst Ludwig Kirchner, Kahve İçen Kadınlar, 1907,
Tuval Üzerine Yağlıboya, Westphalian Devlet Sanat ve Kültür Tarihi
Müzesi/Münster, (https://www.wikiart.org/en),
Erişim Tarihi: 01.04.2020.

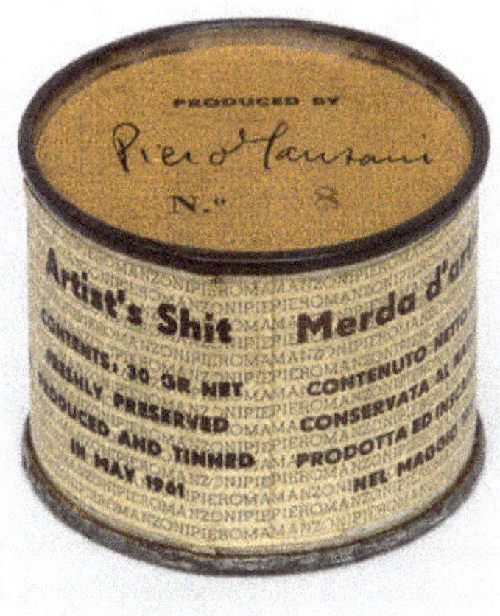

Fotoğraf 13: Fondazione Piero Manzoni, Artist Dışkısı, 1961, (Fotoğraf: Agostino Osio). © Sanatçının izniyle.

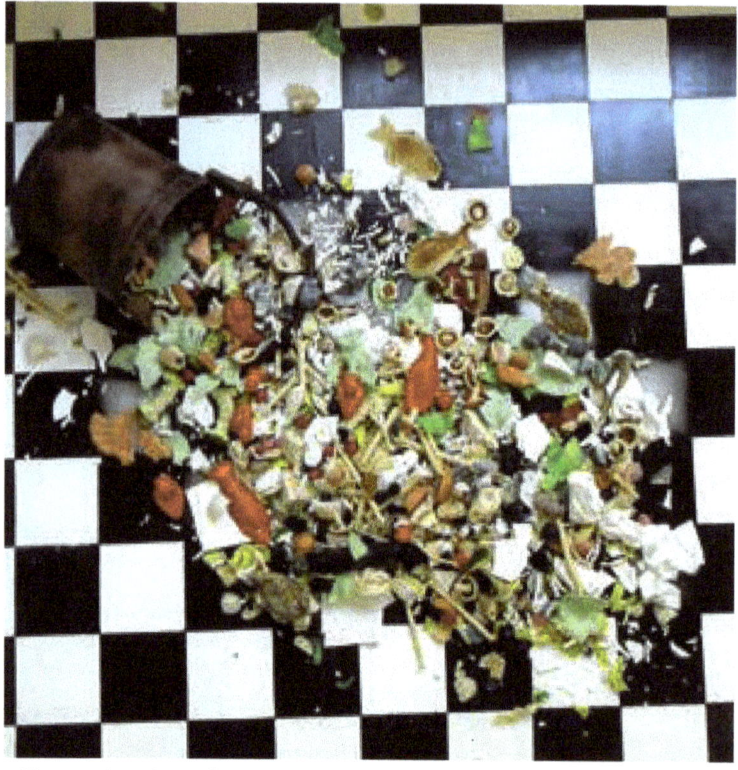

Fotoğraf 14: Daniel Spoerri, Çöp Kutusu, 1967, (www.danielspoerri.
org), © 2020, ProLitteris, Zurich, © Sanatçının İzniyle.

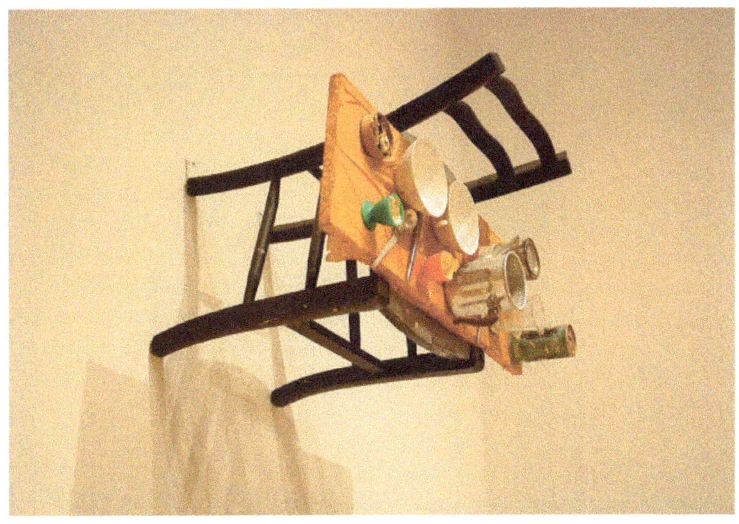

Fotoğraf 15: Daniel Spoerri, Kikha'nın Kahvaltısı, 1960, (www.
nyclovesnyc.blogspot.com), © 2020, ProLitteris, Zurich,
© Sanatçının İzniyle.

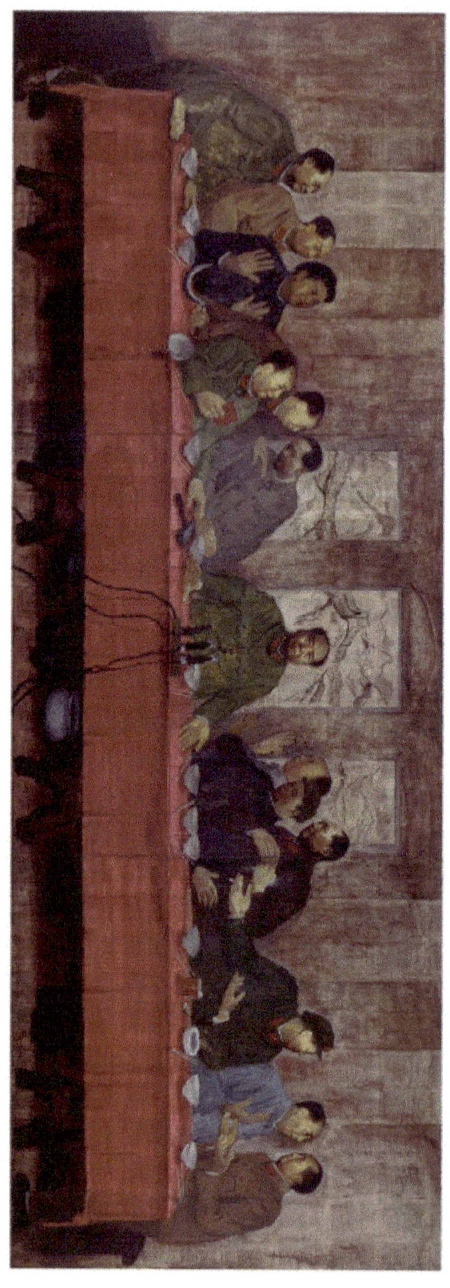

Fotoğraf 16: Zhang Hongtu, Son Ziyafet, 1989, (Zhang Hongtu),
© Sanatçının izniyle.

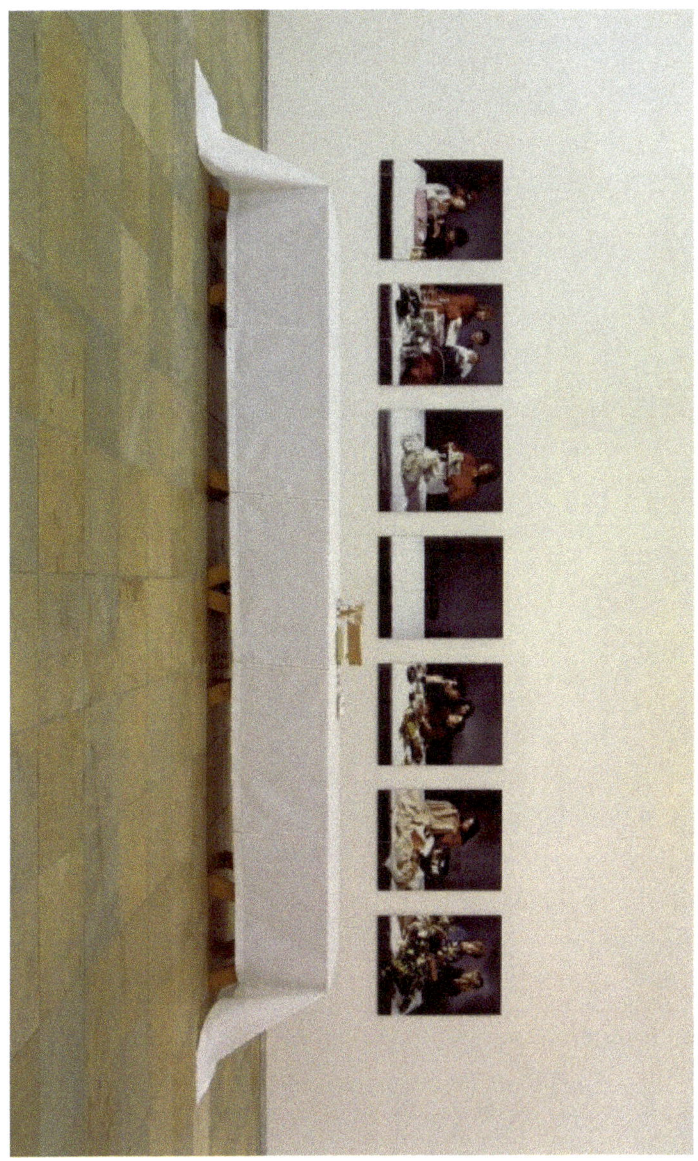

Fotoğraf 17: Abigail O'Brien, Son Akşam Yemeği ve Yedi Kutsal Sergi,
1995, (Abigail O'Brien), © Sanatçının izniyle.

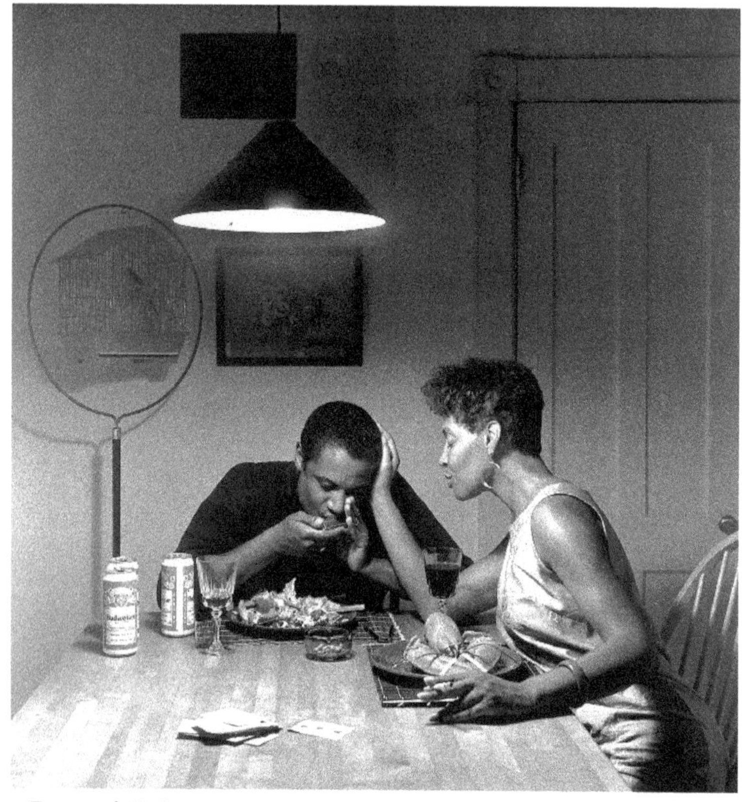

Fotoğraf 18: Carrie Mae Weems, Mutfak Masası Serisi (The Kitchen Table Series), 1990, © Carrie Mae Weems. Courtesy of the artist and Jack Shainman Gallery, New York. Sanatçının izniyle.

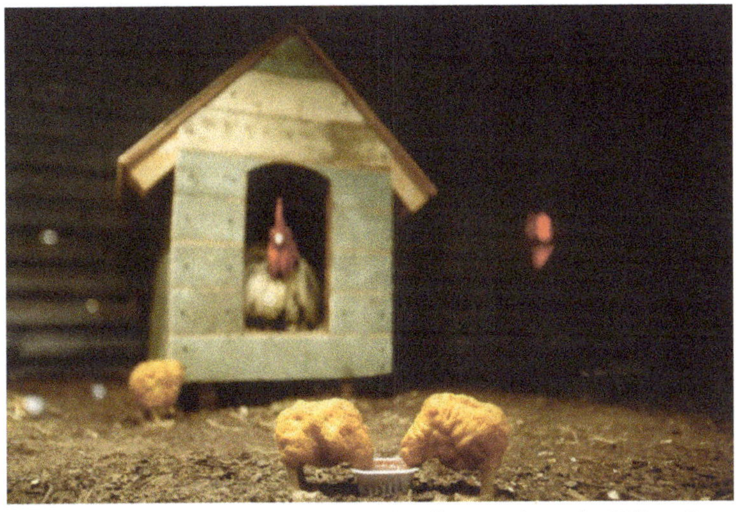

Fotoğraf 19: Courtesy of Pest Control Office, Banksy, The Village Pet Store and Charcoal Grill, 2008. © Sanatçının izniyle.

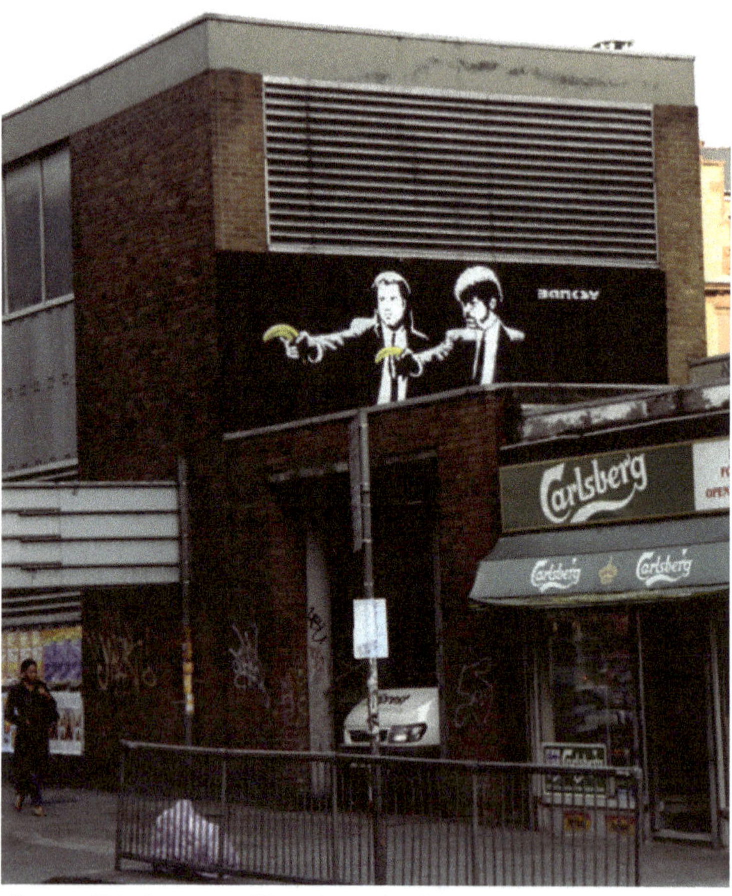

Fotoğraf 20: Courtesy of Pest Control Office, Banksy, London, 2003. ©
Sanatçının izniyle.

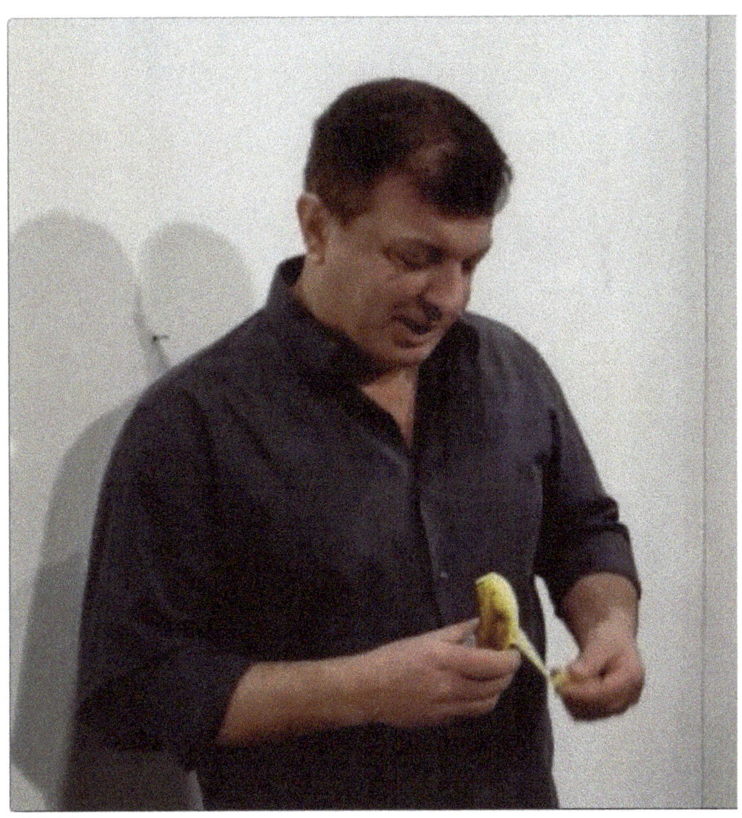

Fotoğraf 21: David Datuna, Aç Sanatçı, 2019,
(www.ph.glbnews.com). © Sanatçının izniyle.

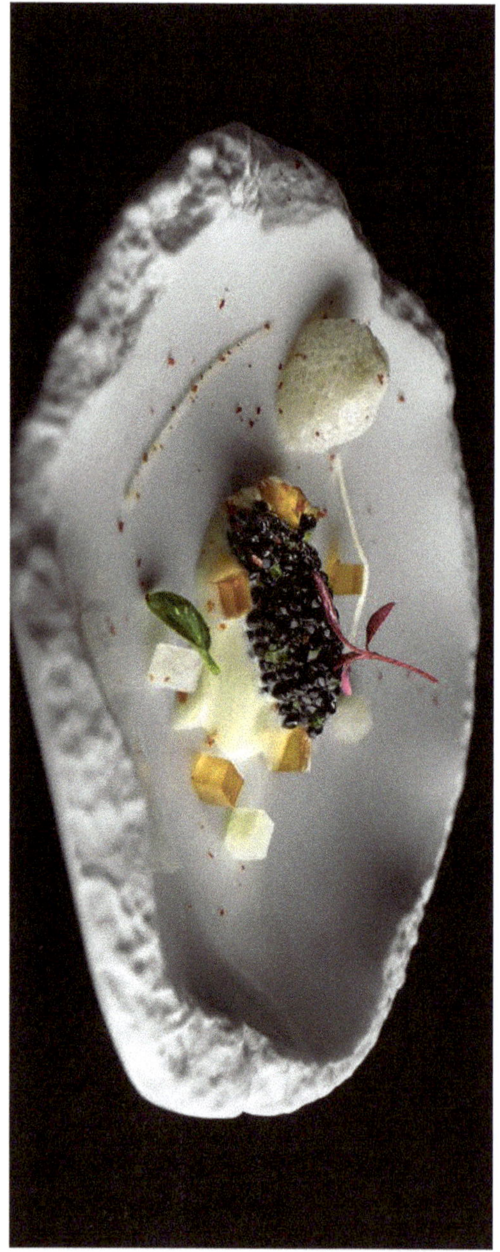

Fotoğraf 22: Martin Berasategui, Martin Berasategui Retaurant, Havyar, Şalgam, İncik Suyu ve Limon Küpleri (José Luis López de Zubiria), © Sanatçının izniyle.

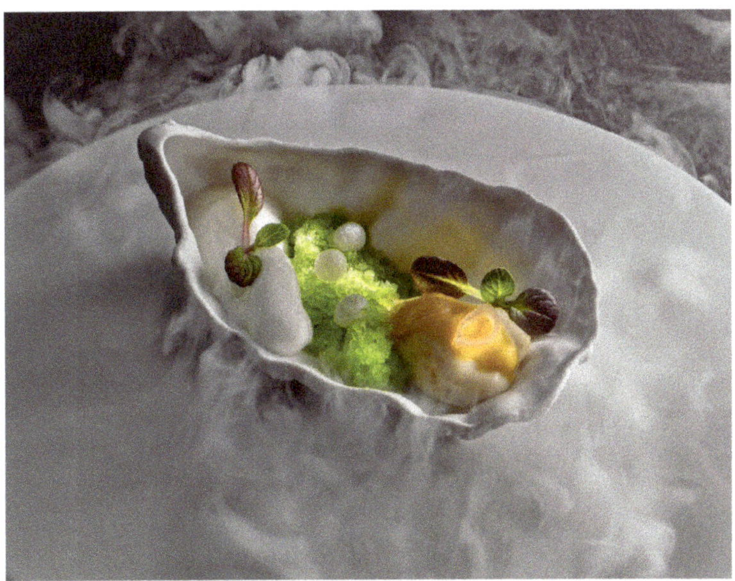

Fotoğraf 23: Martin Berasategui, Martin Berasategui Retaurant, Buzlu Salatalık ve Baharatlı Elma İle Hafifçe Marine Edilmiş Sıcak İstiridye (José Luis López de Zubiria), © Sanatçının izniyle.